KNAUR

Über die Autorin:
Désirée Nick, bekannt, beliebt und gefürchtet für ihre stets offene und direkte Art, gehört zu den populärsten Schauspielerinnen und Autorinnen Deutschlands. Doch damit nicht genug, als Tänzerin, Sängerin, Kabarettistin und nicht zuletzt Teilnehmerin diverser Reality-TV-Formate ist sie eine feste Größe im deutschen Entertainment-Geschäft.

DÉSIRÉE NICK

SCHOKOLADE

VERBOTEN gut!

KNAUR

DER SÜNDIGSTE MANN IM LEBEN EINER FRAU

Kurz nach den Sommerferien steht er wieder da: Liebäugelnd platziert, erwartet er uns in Reih und Glied, frisch in die Regale der Supermärkte einsortiert, und wir finden den Kerl zum »Anbeißen«: den Weihnachtsmann aus Schokolade!

Wir hatten noch gar nicht mit ihm gerechnet, da wir doch im Juni gerade mal mit dem Unterboden des 250-Gramm-Osterhasen, der in der Backschublade zwecks Resteverwertung aufbewahrt wurde, fertig waren. Nur um die Pfoten war am Ende noch etwas Stanniol gewickelt. Der Rest wurde in kleine, mundgerechte Schokobröckchen zerkrümelt in der Hoffnung, die Last der Schuldgefühle, die mit diesem Genuss einhergingen, würde proportional zu den Schokotrümmern stehen. Und Hasenkenner wissen: Das Geheimnis eines jeden Schokoladensockels besteht darin, dass er als Auffangbecken für die Krümelage der gesamten Figur dient und man dort – gleich einer Goldmine – auf ungeahnte Fundstücke und bizarre Formationen stößt. Um sich an den letzten Falten und Furchen eines Schokoladenfundamentes zu laben, kann eine Zunge nicht spitz genug sein …

Natürlich animiert eine saisonale Figur aus Schokolade völlig andere sinnliche Genüsse, als es dieselbe Menge Hüftgold in Form einer platt gewalzten, pragmatischen Tafel täte. Die wir uns quasi das ganze Jahr über ständig verkneifen – weil mal eben in fünf Minuten 558 Kalorien zu verputzen auf unserer individuellen Skala der Todsünden ganz oben steht. Solche Orgien von handlichen 100 Gramm muss man sich schließlich redlich verdienen! ’ne Tafel Schoko, ja, das gab es einst, wenn man auf dem Treppchen mit goldener Schärpe beim Eislauf gelandet war, wirklich nichts als Einser auf dem Schulzeugnis stehen hatte oder in einem heimtückischen Komplott gegen die Eltern die Omma zum Kauf der Lieblingssorte bestochen hatte.

Es ist nun einmal streng verboten! Und genau deshalb lässt es uns nie wieder los: Ist es doch allein das Schuldgefühl, das Weihnachtsmänner so delikat macht! In späteren Jahren kann man an ihnen außerdem ganz herrlich seinen Männerfrust austoben: Welcher Mann lässt sich sonst so schamlos demolieren? Ja, es ist die Sündhaftigkeit, die das Vernaschen eines 250-Gramm-Mannes so unwiderstehlich macht. Denn einladend sind nur die Großen! Mit denen setzt man sich emotional anders auseinander als mit den mickrigen Exemplaren, die bloß die Lücken auf dem bunten Teller füllen.

Was so winzig ist, dass es sich nicht einmal verstümmeln lässt, bringt unseren unterbewussten Killerinstinkt einfach nicht zum Schwingen. Die schmalen Billigdinger sind ja viel zu flach, um mit dem Spiel der Zunge die Dreidimensionalität sündiger Schokoladenmänner auszukosten. Denn genau das ist es doch, was Schokofiguren zum Guilty Pleasure macht: Sei es Osterhase oder Weihnachtsmann, vom Scheitel bis zur Sohle begibt sich die Zunge auf eine abenteuerliche Reise.

Allein schon das knisternde Entkleiden der Silberfolie will strategisch geplant sein. Beginnt man vorsichtig oben an den

Schlappohren bzw. der Zipfelmütze, um möglichst noch die Form zu wahren, oder beißt man gleich in Blume oder Po?

Okay, ich gebe zu, ich bin Kennerin und verrate, wie man das meiste aus der stattlichen Proportion eines ordentlichen deutschen Weihnachtsmannes mit Glocke herausholt:

Es kommt ganz klar auf die Größe an! Wer mich wirklich überraschen will, liefert gleich das 1000-Gramm-Format für 30 Euro – ein Investment, das in etwa einem passablen Blumenstrauß entspricht. Nur ganz abgebrühte Foodporn-Junkies setzen sich mit so was Vulgärem wie dem 3800-Gramm-Exemplar und seiner 65-Zentimeter-Länge auseinander. Das wäre mir echt zu ordinär: Allein dieser Sack wiegt schon ein Pfund! Ein solcher Exzess käme einem Unfall gleich und endete womöglich in der Notaufnahme mit der Diagnose »Zuckerschock«.

Obendrein gewöhnt man sich am Ende noch an den Kerl. Das Ding zieht ja quasi in den Haushalt ein. Starrt einen an, drängt sich in den Mittelpunkt, nimmt eine zentrale Position ein, wird ständig thematisiert, erinnert an verbotene Leidenschaften, wird Zeuge intimster Vorgänge wie dem Fußnägelschneiden auf der Couch, ist bei langen Abenden bei Kerzenschein und Serienmarathon zugegen, wohnt irgendwann mietfrei in unserem Kopf. Der lebt mit uns! Hiiiilfe … Die ganz teuren Dinger sind ja so konstruiert, dass sie einen permanent mit den Augen verfolgen, einen geradewegs anstarren wie der Mann mit dem Goldhelm!

Ja, so unfassbar es klingt, ohne auch nur ein einziges Wort zu sagen, naht irgendwann das bittere Ende: Der Schokoweihnachtsmann beherrscht uns! Er besiegt unsere Triebhaftigkeit.

Wir werden uns ihm unterwerfen und wieder mal die Schwächeren sein. Das ist der Moment, an dem wir kapieren, dass in dem Schweinehund ganze 30 Tafeln Schokolade stecken, also quasi die kontrollierte Dosis eines ganzen Jahres.

Gut, die mentale Leistung, dies im Schokoladenrausch noch zu ermitteln, deutet auf ein Minimum an Restverstand hin und liegt intellektuell knapp über den Kunststückchen eines zirzensisch dressierten Schimpansen.

Mit dem nächsten Happen, den wir uns auf der Zunge zergehen lassen, setzt allerdings der völlige Zusammenbruch ein: *Das* ist just die Sekunde, in der Bauch über Hirn siegt. Der Moment der absoluten Unterwerfung! Schon lange pappsatt, ja, quasi randvoll abgefüllt, haben wir eigentlich längst genug von der Sache – sprich, es wurden umgerechnet schon ganze acht Tafeln verputzt. Doch nun erfolgt die endgültige Kapitulation, da sich ein in der tiefsten Kammer unserer Seele verborgenes Monster zu Wort meldet, das uns verstohlen zuflüstert: »Jetzt bist du so weit gekommen, jetzt friss das ganze Ding auf, damit es um Gottes willen endlich weg ist!«

Und so verleiben wir uns mal eben noch zwei weitere abenteuerlich geformte Tafeln ein, nur damit wir alles sauber hinterlassen und der Schoko-Gangbang endlich sein Ende hat! Wir wollen ja nicht, dass uns noch mehr Weihnachtsmänner, brutal eingeschmolzen und zu Osterhasen umgeformt, im nächsten Jahr wieder stalken!

SCHOKOLADE IN ALL IHREN FACETTEN

Ja, Schokolade ist eindeutig eine meiner großen Leidenschaften. Wie klassisches Ballett, Theater, Oper, Operette, Musical, Antiquitäten, Jazz, Gartenkultur, Haute Couture, Trash-TV und alte Gemäuer, auch Schlösser und Burgen genannt. Klar, auch ein guter Wein und ein saftig paniertes Brathendl mit lauwarmem Kartoffelsalat aktivieren in mir Purzelbäume sämtlicher Glückshormone.

Aber die Schokolade ist, im Gegensatz zu den übrigen Leidenschaften, mein Mantra. Oder mein Nirwana. Je verbotener, desto besser. Es gibt nichts, was ich NICHT verspeisen würde, wenn es nur einen Hauch dieser dunklen, bittersüßen Delikatesse enthält.

Und ich rede hier nicht von ein paar golden verpackten Pralinen, die fein arrangiert auf einem Silberteller zum Abschluss eines edlen Menüs zum Kaffee gereicht werden. Ich rede hier von den richtigen Sauereien. Und die gehen – wie fast alles, was uns nicht loslässt – auf unsere Kindheit zurück.

Es gibt nämlich noch viel Abgründigeres als den Schokoweihnachtsmann. Die Einstiegsdroge per se ist nämlich Schokolade in ihrer verführerischsten Konsistenz: flüssig! Welcher Satan hat das bitte schön über uns gebracht?

In der Retrospektive stellt Nutella so etwas wie einen Angriff der Kulinarik auf die Drogenkartelle dar: ein Match, bei dem sich zwei Giganten gegenüberstehen und in gewisser Weise mit denselben Mitteln kämpfen.

Der erste Schuss ist bekanntlich immer gratis! Und so sitzt man da irgendwann als Kleinkind, greift geschickt nach einem großen Esslöffel, taucht diesen in ein Glas zähflüssige, samtig weiche Nougatcreme, und nein, man muss sie nicht einmal herunterschlucken. Man lässt die Creme einfach genussvoll im Munde dahinschmelzen. Dieser Flash der Geschmacksknospen bündelt sich zu einem Rinnsal, das dann praktisch ganz von selbst die Kehle hinabgleitet. Bis sich die Synapsen in den Freitod stürzen. Was die Leidenschaft einem antun kann, wird dadurch besiegelt, dass man als Kind eine weitere Entdeckung macht: Denn wie geil ist es, abschließend den Esslöffel im Mund herumzudrehen und seine Ausbuchtung mit der Zunge auch noch auszuschlecken? So geil nämlich, dass besagter Vorgang gleich noch mal wiederholt werden muss. Die Bedeutung des Wortes »Genuss« erübrigt sich fortan für alle Zeit.

Diese passionierte Aktion geschieht relativ unauffällig vor aller Augen im Kreise der Familie am Küchentisch, und die entweichenden lustvollen Seufzer treffen dort auch noch allseits auf Bestätigung: »Gib mal her, ich will auch.«

Hallo? Man sollte, denke ich, als verantwortungsbewusster Elternteil wirklich kein Nutella kaufen und seinem Kind diese moralische Herausforderung vor die Nase setzen. Was macht ein raffinierter Creme-Dealer nun also? Er entwickelt eine Werbekampagne, in welcher gleich noch der individuelle Name des Kindes im Stile der Corporate Identity in fetten Lettern quer auf dem Gefäß prangt. Es ist unverschämt. Ein handliches Nutellaglas mit dem eigenen Namen in fetten Lettern drauf? Wenn ein Kind *dem* nicht verfällt, dann hat es ein Herz aus Stein.

Es soll ja Familien geben, in denen jeder sein namentlich individuell ausgewiesenes Glas vor sich stehen hat. Dann ist es sowieso nur noch eine Frage der Zeit, bis das Glas nicht etwa im Kühlschrank aufbewahrt wird, sondern unter dem Bett: für Notfälle, in denen man dringend einen Schuss braucht! Und ein frühkindlicher Schokojunkie lässt sich nicht betrügen: Gnade Gott, wenn die Oma einem statt Nutella gar Nusspli aus dem Discounter unterjubeln will. Solche Schummeleien münden zwangsläufig in ein Drama, das mit der fatalen Erfahrung einhergeht, einem Kind zu Weihnachten ein elektronisches Spielzeug zu schenken und die Batterien zu vergessen. Man muss diese schmerzlichen Erfahrungen unter Brutalität an der kindlichen Seele verbuchen. Wer Nutella will, der lässt sich nicht mit irgendeiner Symphonie aus Milch und Kakaomousse aus dem Supermarkt foppen. Derlei Frusterfahrung hinterlässt nämlich genau jene Narben in unserer Brust, die uns selbst immer ein Mysterium bleiben werden. Bis eines Tages der Partner moniert: »Ich verstehe gar nicht, warum du so aggro reagierst, nur weil ich beim Bäcker die Croissants mit der Schokofüllung vergessen habe. Das ist doch kein Drama!« Doch. Genau das ist es. Auch wenn uns keiner verstehen will: Wir fühlen uns um den perfekten Sonntagmorgen betrogen!

Wie es echten Leidenschaften zu eigen ist, so gehört auch der Zugriff auf Ersatzbefriedigungen zur Schokoladenpassion. Man muss ja schließlich sein Überleben absichern. Und so entwickelt sich – gleich einer auf wundersame Weise sprießenden Blume – automatisch die Suche nach Äquivalenten. In meinem Falle das persönliche Rezept für Schokoladenmilch! Um wenigstens die sinnliche Verbindung zum Nutellaglas am Leben zu erhalten, wenn ein solches mal nicht verfügbar ist:

Man nehme ein halbes Glas kalte Kuhmilch, Eiswürfel und 50 Prozent Kakao! Ab in den Mixer. Und zum Schluss eine fette Haube aus geschlagener Sahne obenauf! Hilft einem garantiert durch Zeiten erbarmungsloser Nutella-Dürre.

Es ist wirklich ein Wunder, dass ich nicht zum Cast von »Mein Leben mit 300 kg« gehöre.

FOODPORN OHNE SCHULDGEFÜHLE

Aber dafür habe ich etwas anderes entdeckt. Schokolade ist gar nicht ungesund! Ganz im Gegenteil: Im Vergleich zu Rinderwahn, Vogelgrippe, Schweinepest, mit Pestiziden verseuchtem Gemüse, TK-Obst, das mehr Farbstoffe als Früchte enthält, ist an Schokolade noch niemand gestorben. Stattdessen belegen Studien, dass Schokolade sogar den Blutdruck senkt, Krebs und Herzinfarkten vorbeugt und Kakao als solcher ein wahres Wunder der Natur ist.

Hormon-, Immun- UND Nervensystem werden durch den Schokoladenkonsum gestärkt, und ihre entgiftende Wirkung ist unbestritten. Heute gerne als Antioxidantien bezeichnet. Ich würde es mal so beschreiben: Schokolade hält das Hirn auf Trab! Wollen wir sie nicht gar unter Healthfood verbuchen?

Und weil wir intuitiv spüren, was gut für uns ist und was nicht, wissen wir: Schokolade macht uns glücklicher! Glücklicher zumindest als ohne. Und wer glücklich ist, ist nun mal motivierter, sich an eine gesunde Diät zu halten. Man hat einfach bessere Laune. Ja, wir können erstaunlich brav sein, wenn man uns ein Betthupferl aus Schokolade aufs Kopfkissen legt. Das wussten wohl schon die Großeltern, dass man mit dem süßen Schmelz auf der Zunge sanft und glücklich hinwegschlummert.

Und wir ahnen doch im Grunde längst: Was wirklich dick macht, das ist Stress! Meine Damen und Herren, entspannen Sie sich und sagen Sie Ja zum klassischen Betthupferl. Ich weiß, da sind die Zähne meist schon geputzt … aber bei wem sind die Zähne denn heutzutage überhaupt noch echt? Veneers macht ein Betthupferl absolut gar nix aus.

Als passionierter Schokojunkie habe ich natürlich eine Vielzahl von Argumenten parat, welche mit einem Federstreich meine Schuldgefühle auslöschen: Ladies and Gentlemen, die Kakaobohne gehört biologisch nämlich zur Gattung der Gemüse! Bohnen sind doch Gemüse, oder?

Meiner Meinung nach sollte Schokolade sowieso auf keinem Diätplan fehlen, sorgt sie doch dafür, dass wir nicht den Verstand verlieren. Sie sorgt für innere Balance, und das besser und vor allem schneller, als homöopathische Kügelchen oder Bachblüten es je bewirken könnten. Gut, es gibt diese Zeiten, in denen wir selbst am besten wissen, dass wir über die Stränge geschlagen haben und mal wieder den Gürtel enger schnallen müssen, weil die Bikinisaison ansteht. Und auch hier können Sie sich auf mich verlassen, wenn ich als Hohepriesterin aller Schokojunkies eine ganze Palette von bewährten Ausflüchten parat halte: Was halten Sie von mit Schokolade überzogenen Kaffeebohnen? Mit Schokolade ummantelten Erdnüssen? Schokobananen? Kandierten, mit Schokolade überzogenen Orangen und Erdbeeren? Meine Güte, auf diese Weise weiß man als Schokodealerin doch sogar kleinen Kindern gesunde Vitamine unterzuschummeln.

So erweist sich die Strategie, mich ohne jegliches Schuldgefühl dem Schokotrieb hinzugeben, doch als äußerst erfolgreich. Ausflüchte, Entschuldigungen, Notlügen, Verbindungen zur Schokomafia … Das volle Programm.

Doch diese Mafia ruht nicht, und sie kennt ihre Kundschaft ganz genau. Mit all ihren Schwächen.

Und so beobachte ich in den letzten Jahren einen Angriff auf die allerletzte Bastion meiner verbliebenen Schokoladen-Restmoral. Eine Obszönität geradewegs, von der ich mich unsittlich provoziert fühle: SCHOKOLADENBRUNNEN mit rosafarbenem Stecker für nur 39 Euro. Ein Schokoladenfondue, das sich endlos, wie bei einem Wasserfall, über fette Brocken von Marshmallows, Erdbeeren, Kiwis und Bananen ergießt. Zum Stippen. Von Sachen, die an sich schon zuckerreich und delikat sind.

Zu Weihnachten hatte ich fünf Stück davon verschenkt. In Rosa natürlich. An all die Wegbegleiter, Freunde und Unterstützer, denen man eine Überraschung, verbunden mit einem Appell an die sinnlichen Genüsse, gönnt. So ein Präsent, von dem man weiß: Es wollen zwar alle haben, aber niemand wagt es, es sich selbst anzuschaffen, aus bloßem Selbstschutz. Somit also die beste Vorlage, um diesen hehren Plan zu zerstören!

Die Schokoladenfontäne verspricht, DAS Highlight auf jedem Kindergeburtstag, Teenagerparty, Hochzeitsempfang, familiären Zusammentreffen zu sein. Da kann keine Schwarzwälder Kirschtorte der Welt mithalten! Dass sich geschmolzene Schokolade kaskadenartig über auserwählte fruchtige Leckerbissen ergießt, ist nun nämlich nicht nur ein *sinnliches* Spektakel, sondern ein *optisches* zugleich.

Ein Wasserfall sämiger Schokolade, in den ganz nach persönlicher Vorliebe Delikatessen eingetunkt werden, krönt jede Feierlichkeit und wird zum meditativen Essensexperiment. Gespräche verstummen. Aaahs und Ooohs begleiten die tief eingetauchten großen Stücke saftiger Ananas, gewürfelten Orangenkuchens, praller Orangen, kleiner Minimuffins, cremiger Cheesecakewürfel. Ganz nach dem kollektiven Motto: »Heute darf gesündigt werden!«

Ja, ich spreche von Foodporn, auch so eine Ausgeburt von Social Media, die darauf abzielt, dass sich das Auge schon allein am Genuss der Bilder labt – und zwar in höchst obszöner Form. Oder wie will man vor Fett triefende Fritten, dreifach gestapelte, überdimensionierte Hamburger, gigantische, von Sirup überquellende Eierkuchentorten und XXL-Currywürste, die in einem See aus roter Soße und Currypuder ertrinken, sonst nennen? Warum wird immer genau das am verlockendsten präsentiert, was auf der schwarzen Liste der Food-Polizei und religiösen Superfood-Verfechter steht? Vulgär! Verbotene Früchte sozusagen, an denen sich das Auge laben soll. Hilfe, das halten meine Synapsen nicht aus, denn durch derlei Gaumenfreuden suggeriert man doch der Hirnrinde, dass sich Gaumen und Magen auf Empfangsbereitschaft einstellen sollen, was eine komplette Fehlinformation ist, wenn man maximal an einem bitteren grünen Smoothie aus Ingwer und Spinat nuckeln darf.

Unfair!

WARUM MICH SCHOGETTEN ZU EINEM GLÜCKLICHEREN MENSCHEN MACHEN

Die Welt zu retten ist im Grunde eine feine Sache. Ob das mit fair gehandelter Schokolade gelingen wird, bleibt aber zu bezweifeln, denn bei Schokolade – und ich weiß, wovon ich spreche – hört der Spaß auf. Ein Junkie lässt sich nicht so einfach verarschen. Er weiß genau, welchen Stoff er braucht. Gebt mir eine sehr gute Schokolade und ich zeige mich von meiner besten Seite: inspirierend, charmant, geistreich! Ein Gewinn für die Menschheit. Nehmt mir die Schokolade und ich werde schnell grantig. Eine typische Userin eben. Ein Junkie, der sich nicht einreden lässt, dass fair gehandelte Schokolade genauso cremig und verboten gut schmeckt wie die Tafel Alpenmilch von der lila Kuh, die er seit Kindheitstagen gewohnt ist. Hat sie einen denn nicht zuverlässig durch die Höhen und Tiefen des Lebens begleitet? Ich behaupte sogar, dass Schokolade schwer die Kreativität fördert. Vor allem in Richtung Illegalität. Was soll man auch machen, wenn man sie als Kind nur in kleinen Mengen zugeteilt und größtenteils vorenthalten bekommt? Man wird erfinderisch!

In unserem Hause waren seinerzeit Schogetten populär. Sie galten als cool, stellten sie doch haptisch eine Mischung aus Praline und Schokoladenrippe dar. Ich würde sagen, eine Tafel wurde unter drei Personen für eine Woche aufgeteilt. Also Völlerei stand nicht an meiner Wiege. Diese Verknappung – ein wesentlicher wirtschaftlicher Aspekt – führte zu Strategien und Handelsmechanismen. Es wurde geschachert. Geborgt, geliehen, überlassen. Oder geklaut. Nun ja, besser: vergessen! Doch selbst da gelang es mir, noch eins draufzusetzen. Die Kreativität trieb mich dazu, den Genuss meiner spärlichen drei Schogettenstückchen zu optimieren. Hinauszuzögern. So bewahrte ich die Teilchen nicht nur an geheimen Stellen auf, nein, wenn der wohlverdiente Konsum nahte, wurde ich höchst erfinderisch: Sie wurden, in Folie verpackt, ins Eisfach des Kühlschranks gelegt. Circa 30 Minuten lang. Auf diese gekühlte Weise gelang es mir, sie nicht etwa barbarisch zu verschlingen, sondern den Genuss zu einem Spektakel von ganzen drei Minuten auszuweiten: Anfangs dem Gaumen die Erinnerung an schmelzendes Schokoladeneis vorgaukelnd, erreichte die Schogette wohlkontrolliert bald den Schmelzpunkt, der nur einen Hauch über der eigenen Körpertemperatur liegt. So verwandelte sich die süße Delikatesse alsbald in eine zähflüssige Creme, die an Eiskonfekt erinnerte. (Übrigens eine andere heiß geliebte Perversion.) Um sich dann über die ganze Zunge zart schmelzend auszubreiten, wobei es galt, den eigentlichen Kern, der wie ein Bonbon im Mund herumwanderte, mit der Zunge von allen Seiten zu umspielen. Es fühlte sich an wie eine große Performance von mehreren Minuten, die alles in allem ein süßes Feuerwerk der Spitzenklasse darstellten. Aus drei Schogettenstückchen machte ich eine große Oper in drei Akten! Spieldauer: 15 Minuten. Wie arm sind dagegen Kinder, die der liebe Gott mit endlosen Gaben aus dem Füllhorn der Konsumgüter zuscheißt. Sie werden nie ermessen, was wahre Kostbarkeiten sind. Und natürlich auch nie zur spitzesten Zunge der Nation gedeihen.

Fast könnte man sagen, ohne Schokolade wäre ich nicht die, die ich heute bin. Von der Schogette an war der Weg dann ganz klar vorgezeichnet: Die kultiviertere Variante davon ebnete meinen Weg geradewegs in die gehobene Confiserie. Der meist eine Konditorei angeschlossen ist. Sagen wir mal, so was wie *Demel* in Wien. Der Übergang zu den harten Drogen verlief praktisch ganz von selbst. In Form von Sacher- und Nougattorte, Eisbomben und, Hiiilfe, kaltem Hund! Eine Erfindung der 60er-Jahre und seither zum Kultklassiker avanciert. Das Palmfett, triefend dick mit Kakao vermischt und sich schichtweise über die Leibniz-Kekse ergießend: halb Kuchen, halb Knusperpraline. Am besten noch mit Deko aus bunten Smarties und Liebesperlen versehen, der Hit an jedem Kindergeburtstag. Wäre es gesund, würde es niemals zur Passion werden. Und ich kenne mich wahrlich bestens aus, wenn es darum geht, den guten Geschmack frühzeitig zu implantieren, die Milchzähne zu schädigen und eine Liebe zur Askese gründlich zu versauen.

Was sind das für arme Kinder, denen man den gesellschaftlichen Zauber von Volksfesten mit ihren Standln, türkischem Honig, Zuckerwatte, Zuckerstangerln, roten Liebesäpfeln und Lebkuchenherzerln vorenthält? Gerade deswegen bleiben es ja Höhepunkte, weil der Rummel – ebenso wie der Zirkus – nur ein-, zweimal im Jahr in die Stadt kommt. Es sind sozialpädagogische Erfahrungen, die in uns die Passion für Schokolade wachsen lassen. So wird die Liebe zur Schokolade zum Mythos. Sagenhafte Erinnerungen an glückselige Momente, denen ein süßer Zauber innewohnt.

Und die Kenner wissen natürlich gute von schlechter Schokolade zu unterscheiden. Hingerissen sind wir, wenn sich uns auf einmal ganze Aromawelten eröffnen, wenn fruchtige Säure, leicht herbe Kaffeenoten und die Süße des Kakaos in Balance zu den unterschiedlichen Konsistenzen stehen. Bald schon stellen sich beim Schokoladengourmet individuelle Vorlieben ein: Wir schwärmen von nussiger Note, Tonkabohne, Kurkuma, Zimt, Muskat, exotischen Rezepturen, Kreationen mit bitterer Note bis hin zur klassischen Herrenschokolade. Da kann die einfache Schogette irgendwann nicht mehr mithalten.

Und nicht zu vergessen, dass mit jeder Stilrichtung auch ein olfaktorisches Erlebnis einhergeht: Wie bei der Weinverkostung wird auch der Geruchssinn durch vielfältige Aromen stimuliert und letztendlich verfeinert. Alles wird zur Inspiration, zum Schauspiel, zur Explosion, zum Feuerwerk auf der Zunge. Ja, es werden über genau dieses allumfassende Geschmackserlebnis bleibende Erinnerungen geschaffen.

Es müssen nicht einmal spektakuläre Geschmackskombinationen sein. Die Schönheit liegt oftmals in der Einfachheit. Es ist dennoch wirklich schade, nur extrem günstige, meist sehr süße Schokolade zu konsumieren, also solche, die aus der Fabrik kommt. Handwerkliche Genüsse vom Chocolatier eröffnen nämlich eine völlig neue Welt der Sinnesfreuden.

Für mich ist Schokolade »mein täglich Brot«. Ich brauche einmal am Tag etwas Herzhaftes, aber ansonsten brauche ich nur Schokolade. Das war schon als Kind so, und vielleicht bin ich deswegen einfach ein glücklicher Mensch geworden.

DIE SCHÖNHEIT DER SCHOKOLADE

Tja, gute Schokolade ist ein kapriziöses Wesen. Und sie schleicht sich – trotz aller Bemühungen, sich zu mäßigen – auf heimtückische Weise in unser Leben. Und es gibt wundersame Strategien, mit denen Kakao wirklich nicht dick macht. Hat man sich das nicht immer schon erträumt? Der neueste Trend, der dem Hüftgold garantiert nicht schadet?

Gehen Sie doch einmal zur Kosmetikerin und buchen Sie ein Bad in 70-prozentiger, flüssiger, warmer Schokolade einschließlich abschließender Schokomaske nebst Duftkerzen im wohligen Ambiente. Auch für den Herren selbstredend.

Weil der Genuss von Schokolade auf *allen* Ebenen zum Ritual geworden ist, sichern wir ihn uns auf vielfältige Weise: sei es emotional, geistig, seelisch, pädagogisch, marketingstrategisch, optisch und natürlich sinnlich. Geliefert wird ein Angriff auf unsere Sinne als braunes Rundum-Verwöhnkonzept, welches seinesgleichen sucht.

Die dunkle Schokolade verspricht antiseptische Wirkung, ein Elixier aus Koffein, Proteinen und Antioxidantien, die der Haut zu seidigem Schimmer verhelfen. Man staunt, was eine Tafel Blockschokolade nicht alles in sich hat: Mit beigemischtem Salz und Olivenöl wird die Prozedur als Körperpeeling angeboten. Natürlich trocknet die Masse an, wie praktisch auch Heilerde, sodass man dann ein wahrhaftiger Konkurrent für den Weihnachtsmann und Osterhasen wird. Die flüssige Schokolade wird hierbei, angefangen bei den Füßen, abschnittsweise aufgetragen und nach jeder Partie mit Frischhaltefolie umwickelt. Ich sag's ja, legen Sie sich am besten in die Tiefkühltruhe, dann bleiben Sie wirklich jung! Es empfiehlt sich, die Bahnen der Frischhaltefolie vorher zurechtzuschneiden und in greifbare Nähe zu legen. Nicht dass Sie als Schokofigur im Hause umherirren müssen, um nach einer Schere zu suchen. Der ganze Körper sollte nach dem Auftragen der Schokolade komplett in Folie gepackt sein, damit die Wirkstoffe mithilfe der Körperwärme tief eindringen können. Hoffen wir mal, dass nicht ausgerechnet in diesem Moment der Paketlieferdienst mit der Premium-Bestellung vor der Tür steht. Am Ende sind Sie in der Nachbarschaft noch Zielscheibe des Gespötts über die neuesten Hardcore-Fetischpraktiken.

Wem es zu kühl wird, der kann sich nun noch mit Handtüchern bedecken und auf dem Küchentisch aufbahren. Die Einwirkzeit beträgt 20 bis 30 Minuten. Vielleicht findet sich ja sogar jemand, der vorbeikommt, um Sie abzuschlecken.

Danach die Folie entfernen und einfach abduschen. Der Effekt ist atemberaubend. Vor allem, wenn die braune Brühe in den Gully rinnt. Erinnert ein bisschen an ein Malheur, bei dem krasser Durchfall involviert war. Die Haut benötigt nun keine weitere Behandlung, sie duftet und schmeckt nach Schokolade und verleiht Ihrer gesamten Statur einen seidig schimmernden Schokoglanz. Für eine geregelte Nachhaltigkeit empfiehlt sich die Anwendung einmal im Monat. »Schatzi, heute ist wieder mein Schokoladenbad geplant, ich habe zu tun, bitte bring du mir heute keine Blumen, sondern Meister Proper mit!«

Der Einfachheit halber darf man den halben Tag in der Badewanne liegen bleiben, denn die Schokolade verteilt sich gerne auch an Stellen im Bad, die nicht gewünscht sind. Ganz zu schweigen von der Haarwäsche danach. Da können Sie ja auch auf die altbewährte Bier-und-Eigelb-Mischung zurückgreifen, die an Nachhaltigkeit kaum zu überbieten ist. Ich empfehle es besonders an Ostern, da können Sie die leer geblasenen Schalen in der Zweitverwertung gleich liebevoll bemalen.

Wer ein Stövchen hat, kann die Schokolade leicht über dem Teelicht erwärmen, zwischendurch rühren, damit sie gleichmäßig erhitzt wird und die Konsistenz nicht klumpt. Nicht dass Sie sich am Ende noch die Haut verbrennen. Was halten Sie außerdem abschließend von einer schönen heißen Tasse Kakao?

Ja, es sind diese Rituale, die die fettleibigen Schokokonsumenten von den gertenschlanken unterscheiden. Man kann, wenn man will und erfinderisch ist. Auf diese Weise nehmen Sie nicht ein Gramm zu, obwohl Sie drei Pfund Schokolade konsumiert haben. Und Blockschokolade ist wirklich billig. Keine Chance also für Schuldgefühle und – im Gegensatz zu anderen Passionen – auch keine Gefahr, sich eine Geschlechtskrankheit einzufangen.

Das Mysterium ist dieses: Was Schokolade betrifft, gibt es keinerlei Anlass, das Hirn zu involvieren. Im Gegenteil, das Hirn schaltet in den Snooze-Modus. Körper und Seele hingegen schlagen Purzelbäume.

DIE DUNKLE SEITE DER SCHOKOLADE

Es ist ganz klar, dass derlei Mechanismen völlig ausreichend sind, um ein Imperium darauf aufzubauen. Gold, Kaffee, Schokolade – die ganze Idee des Kapitalismus beruht auf diesen Pfeilern. Also Bahn frei für die kapitalistischen Imperien von Cadbury, Hershey, Nestlé, Lindt, Mars, Ferrero. Mr. Giovanni Ferrero ist laut *Forbes* mit einem Vermögen von rund 35 Milliarden US-Dollar der reichste Italiener. Wo wäre der arme Mann bloß ohne die Religion der Nutella-Junkies?

Wussten Sie übrigens, dass es 2020 in Kalifornien sogar ein Pop-up-Hotel von Nutella gab? Und in Chicago und New York zwei Nutella-Cafés ihre Pforten für Fans geöffnet haben? Ein eigenes Nutella-Disneyland. In der Familie Ferrero hat irgendwann ein kauziger Großvater, der Nüsse mochte, mal ganz massiv was richtig gemacht. Nicht dass man annimmt, Nutella als Mission würde einem solchen Familienunternehmen völlig ausreichen, um über die Runden zu kommen. Nein, wer den Rand nicht vollkriegen kann, der entwickelt, wenn er schon diese zähflüssige Schokocreme erfunden hat, gleich noch die Marken Hanuta, Kinder Schokolade und die goldenen Küsschen. Alle Widersacher, Klugscheißer, Neider, Veganer und Zuckergegner kriegen auch eine Retourkutsche, und zwar in Form von tic tac.

Allerdings muss die Familie in die Puschen kommen, wenn sie auf die Hersheys trifft. Die haben schon seit 1906 ihren eigenen Entertainment- und Themenpark, den Hersheypark mit 15 Schokoladenachterbahnen, Wasserpark und dem ZooAmerica. Natürlich haben die neben ihren Rezepturen mit wenig Kakao und viel Zucker auch eine eigene Hershey-Eishockeymannschaft und eine Shoppingmall nur für Schokolade. Und von November bis Januar glitzert alles in der weihnachtlichen Hershey Candylane.

Schon 1876 gründete Milton S. Hershey, gelernter Konditor, einen Süßwarenladen in Pennsylvania, nur um wenige Jahre später Konkurs anzumelden. Erfolg hatte er erst, als er – ganz nach amerikanischem Modell – einfach von vorne anfing und aus frischer Milch Karamellen produzierte. Echte Dröhnungen halt. Wahrscheinlich eher intuitiv als strategisch geplant, wurde so der Boden für weitere Zuckersünden mit Lifestylefaktor bereitet. Nehmen wir etwa Starbucks. Der moderne Mocca ist eben eine bittersüße Verbindung von Imperialismus, Genozid, Einfallsreichtum und Konsumgier, serviert mit einer XXL-Haube, dem eigenen Namen darauf und mit geschlagener Sahne on top!

Mit einem einzigen Becher Chocolate Mocha von Starbucks ruht damit die ganze Geschichte der neuen Welt in unseren Händen! Ach, wie gerne wäre ich im Candy Business, denn ich wäre die ideale Botschafterin. Also, der Erfinder der Schokolade per se sollte wirklich zum Ritter geschlagen werden. Was hat er nicht alles für die Welt und insbesondere für die Familien der Eigentümer getan? Und genau daran nehme ich mir ein Beispiel: Auch ich tue etwas für meine Familie. Ich backe Schokoladenkuchen. Damit verbinde ich das Beste aus zwei Welten. Ich bediene sowohl die Zuckerschnuten, die Schokolade lieben, und befriedige gleichzeitig die Süßschnäbel, denen eher Kuchen und Torten am Herzen liegen. Nicht dass ich mit der Absicht agierte, Abhängigkeiten aufzubauen, nein, mit meinem Rezept erübrigt sich der Gebrauch der täglichen Valiumdosis. Kennen Sie amerikanischen Devil's Food Cake? Dagegen ist die Sachertorte ja was für Novizen.

Ja, Schokolade ist eine Welt voller dunkler Abgründe. Manchmal glaube ich gar, der einzigartig delikate Geschmack führt dazu, dass sich der klare Blick auf die Wahrheit verschleiert. Wahrheiten, die man lieber ignorieren und verdrängen möchte.

Als Connaisseur mag man zwischen den einzelnen Sorten der Kakaobohnen zwar unterscheiden und sich von Lindt Edelbitter noch bezirzen lassen, doch wenn erst der *Cold Turkey* kommt und uns die Entzugserscheinungen heimsuchen, dann geht es letztlich um was ganz anderes: den Zucker!

Hört sich ja gut an, zu proklamieren, dass man am liebsten nach den ganz dunklen Sorten mit 89 Prozent Kakao greift, Lindt, Ghirardelli, Valrhona, bitterer Herrenschokolade … all das ist letzten Endes lediglich ein dunkler Mantel, der sich raffiniert über unsere Zuckersucht hüllt.

Im historischen Zusammenhang gesehen ist die Schokolade also alles andere als politisch korrekt. Vielleicht bleibt so einigen religiösen Foodfanatikern dann doch das Konfekt im Halse stecken.

Die Kakaopflanze als solche war dereinst das Gut der Mesoamerikaner, also der dort geborenen Ureinwohner, welche vom »weißen Mann« ausgerottet und ihrer Heimat beraubt worden sind. Die Azteken sind nur eine von sehr vielen

Hochkulturen, lange Zeit vor der Entdeckung Amerikas durch Kolumbus. Tatsächlich lassen sich die ersten Kakaobohnen schon 2000 Jahre v. Chr. nachweisen. Sie wurden nicht etwa verarbeitet und verspeist, nein, die Azteken hielten sie für ein Geschenk Gottes und etablierten sie als gängige Währung. Die spanischen Eroberer der Azteken brachten dann den Sud aus Kakao nach Europa zurück und machten ihn in den damaligen Herrscherkreisen populär.

1500 bis 400 v. Chr. lebten die Olmeken im fruchtbaren Tiefland der heutigen mexikanischen Golfküste. Dort pflanzten sie die ersten Kakaobäume. Es muss einfach wunderschön gewesen sein auf dem schmalen Randstreifen Mittelamerikas, der auf der einen Seite vom Karibischen Meer des Atlantiks, auf der anderen Seite vom Pazifik umtost wird. Was für eine glorreiche Idee, bare Münze, pures Geld quasi in Plantagenarbeit selbst anzubauen?

Welcher Typ hat bloß eines Tages angefangen, dieses Zahlungsmittel zu zermahlen, aufzukochen und sich einzuverleiben? Symbolisch gedacht hat er im Grunde das Experiment gewagt, Geld in einen Kochtopf zu werfen und daraus eine Suppe zu rühren, um den Hunger zu stillen. Wer würde so etwas machen? Historisch gesehen kommt dieser Akt der Erfindung des Rades gleich, denn danach wurde alles anders. Als Trinkschokolade über viele Jahrhunderte hinweg genossen, war der braune Sud jedoch lange Zeit ausschließlich der Elite vorbehalten. Denn der Anbau war teuer und der Ertrag mühselig.

Als begehrteste aller Köstlichkeiten wurde warmer Kakao mit Sahnehaube in Europa schnell zum Kult. Machen wir einmal einen großen Sprung in der Zeitgeschichte: Die britische

Schokoladenmanufaktur J. S. Fry & Sons vermischte 1728 als erste Schokoladenfabrik Kakaopulver mit Zucker und geschmolzener Kakaobutter anstatt mit warmem Wasser und füllte diese zähe, heiße Masse in Formen. Quasi Kakao zum Lutschen. So begann das Zeitalter der modernen Schokoladenproduktion. Doch erst mit der Erfindung der Kakaopresse durch Coenraad Johannes van Houten um 1829 begann die industrielle Herstellung des braunen Goldes und machte den Genuss für absolut jedermann zugänglich. Schließlich wollten auch die Germanen ihren Anteil vom Kuchen. Ein Hoch auf die Holländer!

Die europäische Kolonialherrschaft, die zwischen 1888 und dem 1. Weltkrieg Westafrika überrollte, pflanzte riesige Kakaoplantagen in Äquatornähe. Eine dunkle Geschichte der Sklaverei, des Menschenhandels und der Kinderarbeit. Noch heute stammen 73 Prozent des Kakao-Weltexportes aus Westafrika, nämlich der Elfenbeinküste und Ghana. Ein Kakaofarmerkind verdient heute zwei Dollar für einen ganzen Tag Arbeit mit der Machete.

Wahrlich nicht alles, was Schokolade ausmacht, ist süß.

Sagt man nicht, das Leben ist eine Pralinenschachtel, aber man weiß nie, was man kriegt? Viele, die uns diesen Genuss ermöglichen, halten eine Pralinenschachtel in der Hand, die leer ist. Hallo, Fair Trade. Aber wie gesagt: Er klumpt auf der Zunge!

Ziehen wir also unsere eigenen Konsequenzen. Jede und jeder hat die Wahl – und ein frischer Apfel schmeckt auch nicht schlecht.

EINE UNSTILLBARE PASSION

Die sehr kapriziöse Liebe zur Schokolade hat über die Jahrhunderte solche Ausmaße angenommen, dass ihre hypnotisierende Wirkung im wahrsten Sinne des Wortes sogar Eingang in religiöse Riten gefunden hat. Sie wurde quasi zum Religionsersatz in einer atheistischen, agnostischen, säkularisierten Gesellschaft. Eng verbunden mit den Ritualen des christlichen Jahreskalenders, diente die Gier nach dem Gold der Götter bald als wirksames Erziehungsmittel.

Auf was verzichten wir in der Fastenzeit als Erstes? Wie will man uns abstrafen? Wodurch müssen wir büßen?

Mit dem Aschenkreuz am Aschermittwoch als Abschluss des Karnevals geht das christliche Opfer des totalen Schokoladenverzichtes einher. Es herrscht strenge Fastenzeit bis Ostern! Etwas Radikaleres könnte einen Schokojunkie wohl kaum ereilen. Offenbar wusste man das bereits vor 2000 Jahren.

Nun ja, es war wohl eher als Symbol gedacht, denn immerhin besteht unsere Opfergabe nicht darin, ein Lamm zu schlachten. Jedenfalls soll es eine geistige Erziehungsmaßnahme sein, die uns zur Mäßigung mahnt und lehrt, generell den Versuchungen zu widerstehen. Zucht und Ordnung sollen über den Konsum von Leckereien unter Kontrolle gebracht werden. Anstatt künstlich antrainierter Berge von Muskeln wächst auf diese Weise der eiserne Wille.

Niemals könnte man diese geistige Übung exerzieren, wenn nicht vorher das Guilty Pleasure ausgiebig genossen worden wäre. Genauso, wie der Aschermittwoch als Kontrast auf den Karneval folgt. Damit dieses Prinzip der Bestrafung funktioniert, müssen erst Umstände bzw. Verlockungen geschaffen werden, welche Anlass zur Buße geben.

Das Gute würde nämlich gar nicht existieren, wenn es nicht das Böse gäbe, von dem es sich absetzen könnte.

Das macht die Schokolade also zum wesentlichen Bestandteil unserer Psyche. Ja, sie ist – quasi wie in der Hundedressur – ein Leckerli, mit dem es sich belohnen und bestrafen lässt. Welches Lebensmittel kann das sonst noch von sich behaupten? Wahrscheinlich macht man es mit Schimpansen ganz genauso, wenn man ihnen die Banane wegnimmt. Deshalb: Kein noch so knackiger, saftiger Apfel kann die Gier nach Schokolade befriedigen. Und mit dieser Tatsache ist ein weites Feld für Ersatzbefriedigungen eröffnet. In der Tristesse des Fastens muss man sich ja auch irgendwie über Wasser halten.

Aromatisierte Kräutertees mit Schokonote, Sprühsahne aus der Dose mit Kakaopulver, Kakaobutter zum Einölen, E-Zigaretten mit Nougatflavour, Rotwein oder Whisky mit Schokoaromen … all das soll die Geschmacksnerven der Schokojunkies stimulieren. Und es wirkt! Auf diese Weise kommen wir dem Ideal näher, unsere große Passion schuldbefreit zu genießen. Wenn wir verliebt sind, entschuldigen wir uns ja auch bei niemandem. Genauso frei wie die Gedanken sind die Kapriolen unserer Endorphine.

Und hier kommen wir zur Schnittstelle unserer omnipotenten Glücklichmacher: Der Hormonhaushalt hat die Liebe zur Schokolade fest im Griff. Und dieses Hexenwerk macht die Schokolade obendrein noch zum Painkiller! Um den Hormonhaushalt so auf Trab zu bringen, müssen sich andere –

die sich den Schokoladengenuss versagen – alternativ erst mal bei Parship anmelden, sich alle elf Minuten verlieben, verabreden, Kinder zeugen, sich weißes Pulver in die Nase ziehen, Sex haben, Pillen einschmeißen …

Im Verhältnis zu diesen Dröhnungen ist so eine völlig legale Tafel Schokolade aus dem Regal doch noch der unverfänglichste Aufwand. Wohlkontrolliert versüßt Schokolade unseren Alltag nämlich mit jedem Bissen. Und: Die Spätfolgen sind im Vergleich zu anderen Missetaten durchaus überschaubar.

Als amtlich Schokosüchtige plädiere ich daher dafür, unbedingt die Schuldgefühle, die mit dem Schokoladenkonsum in Verbindung stehen, ein für alle Mal zu verbannen.

Wer sich auf dem Oktoberfest ins Koma säuft, betreibt das schließlich auch hemmungslos und schämt sich nicht dafür! Im Gegenteil: Er avanciert eher noch zum Helden unter seinesgleichen. Tritt sogar in den Wettstreit mit anderen. Wo also ist da der Unterschied?

Ja, die Schokolade hat es geschafft, auch unser Gewissen zu manipulieren. Faire Schokoladenmanufakturen zielen darauf ab, die Kunden zu grünen, ethisch reingewaschenen Konsumenten zu erziehen. Damit sie keine Depressionen bekommen. Es geht darum, das Vertrauen in das Produkt zu erhalten und die Entscheidungen des Individuums zu beeinflussen. Wenn Marken wie Cadbury einen gewaltigen Palmöl-Skandal zu verkraften haben, muss man sich zur eigenen Rehabilitation natürlich etwas moralisch Einwandfreies einfallen lassen.

Die Konsumenten zum Fasten aufzufordern wäre für die Marke also Harakiri. Somit kommt die mutmaßlich vorgeschobene Political Correctness gerade recht. Gehirnwäschen dieser Art gelingen ansonsten nur religiösen Fanatikern.

Denn eigentlich ist Schokolade eine echte Kriegswaffe. Entweder attackiert sie das Gewissen, bedroht unsere Kilos, ruiniert uns die Figur, oder sie treibt uns zur Lüge, verursacht Gewissensbisse, zwingt uns zur Rechtfertigung vor uns selbst und anderen. Bis der Teufelskreis wieder von vorne beginnt …

Ohne all diese vielschichtigen Elemente würde die Schokolade nie als Präsent für jemanden taugen, den man liebt. Niemals würde die Schokolade das Kind in uns ansprechen, uns verführen, verzaubern, sie würde nicht zu einer Kostbarkeit avancieren, die wir uns in besonderen Momenten gönnen, wenn sie uns nicht emotional erreichen könnte. Ja, sie ist eines dieser seltenen Lebensmittel, die uns um den Verstand bringen können.

EIN PARTNER FÜRS GANZE LEBEN

Die Schokolade gehört zu den wenigen zeitlosen und zuverlässigen Verursachern puren Vergnügens. Sie schmilzt im Mund und nicht in der Hand. Sie ist nicht brutal, rustikal oder grob, sondern sie kommt zart und fein daher. Sie ist reich an Ingredienzen, geizt nicht mit uns, wird zur Lebensretterin auf Expeditionen. Die Schokolade ist göttlich und weltberühmt. Und sie kann vor allem eines: uns vor Hunger bewahren! Sie ist die eleganteste aller Waffen! Und ich habe mich entschieden, dass sie mich durch mein ganzes Leben begleiten wird. Ja, ich bin mit der Schokolade verpartnert. Ich führe eine individuelle Beziehung mit ihr, die für andere nicht zu durchschauen ist. Sie mögen mich für verrückt halten, liebe Leserinnen und Leser, aber ich kommuniziere sogar mit ihr.

»Soll ich gleich zulangen oder dich erst später verputzen?«

So wurde mein Guilty Pleasure gleichzeitig zur stabilen Grundlage meines Selbsterhaltungstriebes. Wer wagt es schon, ein solches Vergnügen in Verruf zu bringen? Wie konnte es überhaupt gelingen, die Reputation der Schokolade infrage zu stellen? Wer war das Schwein? Es ist dieser Zwiespalt, der die toxische Beziehung zur Schokolade zu einem echten Kampf werden lässt.

Und er begann zu Zeiten, an die wir uns heute nicht einmal mehr erinnern können. Denn die Schokolade hat sich klammheimlich in unser Leben geschlichen. Naiv und ahnungslos in den Genüssen des Eiskonfektes schwelgend, klingt es frühzeitig in den Ohren eines Kleinkindes:

»Ohooo, da hat sich jemand aber wieder zu viel Schokolade einverleibt, na, da weiß ich ja nicht, was ich davon halten soll.« So häufig im Leben ist Schokolade einfach die beste Lösung.

Warum schaltet sich da überhaupt jemand ein, um uns dieses Glück zu vermiesen? Bitte lassen Sie das! Hören Sie einfach auf damit! Warum wird uns grundsätzlich beigebracht, das Verlangen nach Schokolade zu bekämpfen? Warum steht plötzlich der Candyman mit dem Schwert in der Hand an unserem Kinderbett? Verlieren Sie später den Kampf gegen Ihr Verlangen nach Schokolade, fühlen Sie sich schuldig. Somit ist der pure Genuss unserer Leidenschaft schon mal getrübt. Alles, was delikat schmeckt, soll eine schlechte Idee sein? Wie konnte es gelingen, diese Regel als Wahrheit zu akzeptieren?

Dem Verlangen nach Schokolade nachzugeben könnte dabei ein echtes Geschenk für den Körper und die Gesellschaft sein.

Denn die Wissenschaft steht auf der Seite der Schokolade.

Trotzdem wird uns suggeriert, wir müssten uns für den Genuss von Schokolade vor uns selbst entschuldigen.

Die meisten der rotgesichtigen, schweißtriefenden Leute, die im Fitnesscenter abhängen oder für den nächsten Marathon trainieren, greifen lieber zu Gatorade oder anderen gut beworbenen Sportgetränken, die uns – angeblich – mit Vitaminen und Mineralstoffen versorgen sollen. Weil sie cool sind. Oder zumindest so wirken wollen. Ein Glas Schokoladenmilch hingegen macht jeden zum Athleten! Und ist die allerpreiswerteste Lösung. Aber es ist halt ein wenig altmodisch: In einer Zeit, in der viele junge Menschen mit ihrem Bodyimage zu kämpfen haben, den perfekten »Beachbody« vorweisen wollen, in den medialen Wettstreit mit ihrem Sixpack treten, da werden schließlich Fette aller Art zum Teufelszeug erklärt.

Fett hat wirklich einen ganz miserablen Ruf. Übersehen wird dabei, dass es eine Vielzahl unterschiedlicher Fettsäuren gibt. Und zwar sehr viele, die den Körper mit Substanzen versorgen, die an keinen Sportdrink heranreichen. Denn was diesen beigemischt ist, nennt sich Chemie. Doch das Natürlichste kommt nun mal aus der Kuh. Sportdrinks wurden im Labor entwickelt, Kuhmilch mit Kakao kommt von der Alm und ist Natur pur. Niemals kann, so meine ich, ein im Labor entwickelter, chemisch manipulierter isotonischer Sportdrink diese Wirkung kopieren. Fett an sich ist nicht unser Feind. Der Feind ist die Dosis. Wer ein halbes Pfund Salz konsumiert, der fällt auch tot um.

Genießen wir die Schokolade jedoch moderat, geben wir dem Schuldgefühl keine Chance. Menschen brauchen eine ausgewogene Diät, um gesund zu bleiben. Mit Salat, Brokkoli, Orangen auf dem täglichen Speiseplan, mit Joghurt, Milchprodukten und Vitaminen, mit eiweißreicher, ausgewogener Nahrung wird ein Riegel Schokolade von 200 bis 300 Kalorien zu einer sehr smarten Entscheidung. Ja, er wird zur Medizin gegen Herzschmerz, Stress, Depression, Müdigkeit und Nervosität. Schokolade statt Ritalin sozusagen. Schokolade ist für viele Kinder verboten, aber ich habe immer wieder Mütter erlebt, die über den Spielplatz schreien: »Kevin, nimm dein Ritalin!«

Schokolade hält mich in Balance. Sie nährt müde Muskeln, verhindert Bluthochdruck und setzt Chemikalien frei, die dem Hirn einen regelrechten kreativen Boost verleihen: der pure Stimmungsaufheller! Der Konsum wirkt wirklich wie Magie! Also, liebe Leute, lasst mir meine Schokolade in Ruhe. Um aus dieser Welt eine bessere zu machen, sollten wir wohl einfach alle mehr Schokolade essen. Oder sie auf Krankenschein verschrieben bekommen.

SÜSS UND SALZIG – DAS PERFEKTE DUETT

Ebenso wie die Musik, spricht die Schokolade eine Sprache, die weltweit verstanden wird: Mit einem Bouquet und einer Pralinenschachtel als Mitbringsel lässt sich nichts falsch machen.

Wir denken bei der Confiserie zwar an kapriziöse französische Manufakturen, den Glanz der K.-u.-k.-Monarchie oder die Kenntnisse der Schweizer Chocolatiers, erahnen aber nicht die Gier nach Zucker, die sich gerade in kühlen, von salziger Seeluft geprägten Regionen automatisch einstellt. In Skandinavien, Irland, Finnland, Schottland, Kanada oder dem Baltikum sind die hausgemachten Varianten von Joghurt, Käse, Brot mit ihren salzigen Noten die Grundnahrungsmittel. Natürlich in Kombination mit Fisch, sozusagen dem, was vom Baum fällt. Eigentlich eine klare Sache, dass die Schokolade es aus der Karibik und von den Plantagen in Afrika bis in die kalten Regionen geschafft hat, denn dort schmilzt sie keinesfalls weg. Außerdem kann sie als Winternahrung endlos gehortet werden. Sie darf auf Expeditionen durch Schnee und Eis in keinem Rucksack fehlen. Und sie wird dem Langläufer in Finnland genau die Dosis Energie bescheren, wie es sonst nur ein Tropf beim Facharzt vermag. Leicht ist sie zudem auch und dabei reich an Inhaltsstoffen. Fast wie ein Hexenelixier!

Wer hätte gedacht, dass sich eines Tages Salz, Chili und Pfeffer als Trend in die Kultur der herben, dunklen Schokoladensorten einschleichen würden? Keine Entschuldigung also für Konsumenten, die verlauten lassen: »Süßes mag ich so gar nicht.« Die Explosion der Geschmacksknospen bei diesen skurrilen Varianten ist so bizarr, dass man fast schon sündig von einem Seitensprung reden könnte. Dem Nougat untreu geworden, sich in bis dato unbekannte Regionen vortastend, einmal ein Abenteuer wagend und etwas völlig Unbekanntes ertastend, hat auch mich die Sucht nach neuen Ergüssen heimgesucht. Ich verrate es Ihnen: Salzige Schokolade ist meine HEIMLICHE Passion! Ein Ausrutscher, den ich mir in meiner treuen Liebe zur Tafel Noisette dann und wann leiste. Als prickelnde Abwechslung sozusagen.

Und damit stehe ich nicht allein da, nein, es gibt eine weltweite Armee von Liebhabern dieser lukullischen Experimente weltweit. Schließlich gebietet diese Variante der Zuckersucht wenigstens symbolisch Einhalt.

Erinnern wir uns nicht alle an die klassischen Rezepte jedes Kuchenteiges, jedes Grundteiges für Eierkuchen oder Gebäck, dem »eine Prise Salz« beigefügt wird? Seit Jahrhunderten gilt in der Kulinarik das Salz als Kontrapunkt, welches den Geschmack der Süße umso prickelnder hervorhebt. Erst durch die Prise Salz wird der Zucker zur Sensation! Das Fleur de Sel ist wiederum die Königin aller Salze und von besonders edlem Geschmack. Es steht nur mit dem vor Mineralien strotzendem Himalajasalz in Konkurrenz. Als ich mir erstmals diesen dunklen »Chili/Karamell/Fleur de Sel«-Exzess einverleibte, tanzten meine Geschmacksknospen Tango. Die Frage ist nur, ob man dem Tango auch standhalten kann. Absolut rauschhaft im Abgang.

Ich persönlich empfehle hier eher die milden Sorten. Wer einen komplexeren Nachgeschmack liebt, der kann ja direkt auf Schokolade mit rauchiger Paprika, Zitronensäure, Chili oder Knoblauch umsteigen. Süß und salzig, das perfekte Duett. Kontrastreich statt eindimensional, überraschend statt banal, wild statt langweilig. Ein Festival für echte Schocoholics.

Von Singapur bis Russland und Oman werden unüberwindbare Barrieren dahinschmelzen, wenn Menschen sich weinend vor Begeisterung über ein Stück bittere Schokolade in den Armen liegen. Schokolade überwindet auch kulturelle Barrieren. Die Sprache der Liebe, der Sünde, der Leidenschaft, des Friedens, der Versöhnung, da, wo uns die Worte fehlen, egal welchen Kulturkreises, überwindet die Schokolade alle Grenzen und spricht durch sich selbst.

Unvorstellbar, was es wirtschaftlich bedeuten würde, wenn die Schokolade als solche ein abzubauender Rohstoff wäre!

Stellen Sie sich vor, der Wirtschaftsgipfel würde verkünden, dass die Menschen gerade dabei seien, die letzten Reserven an Schokolade zutage zu fördern, und die erfolgte Verknappung den Preis in die Höhe schnellen ließe. Man würde statt Goldbarren Schokoladentafeln in Schweizer Schließfächern horten. Weiterhin würden Klimawandel, Dürre, irgendeine verdammte Motte und andere Seuchen sowie Missernten dazu beitragen, dass um die Bestände von Schokolade Kriege geführt würden.

Wir können dankbar sein, dass dem nicht so ist, weil Schokolade Gott sei Dank »man-made« ist und kein abbaubarer Rohstoff. Alles andere würde ansonsten darauf hinauslaufen, dass wir in Zukunft auf Schokolade verzichten müssten.

Wäre die begehrte Droge am Ende nur noch den Milliardären vergönnt? Gäbe es angesichts dieser Bedrohung für das

Allgemeinwohl Aufmärsche und Revolutionen wie in Sachen Klimawandel? Würde »der Schokoladenkrieg« in die Geschichte eingehen? Hätten wir einen »Schokoladenkönig« als Herrscher? Auf ins Land der Süßigkeiten: als Paradies keine schlechte Alternative!

MIT SCHOKOLADE DURCHS GANZE JAHR

Immer wieder schlägt die Fantasie Purzelbäume, wenn es, wie im Bild des Schlaraffenlandes, darum geht, sich riesige, obszöne Mengen von Schokolade vorzustellen, oder darum, diese gar zu verwalten.

Nie werde ich vergessen, als ich meinem Sohn zu Weihnachten zwölf dicke Tafeln Schweizer Schokolade, für jeden Monat des Jahres eine, als Riesenpaket unter den Baum gelegt habe. Sortiert nach Geschmacksrichtungen, die den Wandel der Jahreszeiten darstellen sollten: Yogurette für den Frühling, Erdbeere im Sommer, nussig im Herbst, mit Zimt und Anis für den Winter. Die Mutti hat sich richtig was dabei gedacht, alles hübsch verpackt, und sie war stolz auf die pädagogische Botschaft, sich den lukullischen Reichtum auf diese Weise gut einteilen zu können.

Leider wurde ich jedoch missverstanden: Alle zwölf Tafeln waren innerhalb der nächsten zwölf Tage komplett verputzt. Der Exzess fand unbeobachtet statt, da mein Sohn bedauerlicherweise nicht gewillt war, irgendetwas davon mit irgendjemandem zu teilen. Sie gehörten ja ihm. Warum also etwas abgeben? Es war ein Geschenk und damit sein Eigentum. Sein Vermögen, sein Aktienfond. Recht hatte er.

Das Beruhigende ist für den Schocoholic ja auch, dass er niemals darauf bedacht sein muss, das Verfallsdatum zu kontrollieren. Ich glaube, Schokolade hält länger als abgelaufene Kondome.

Und tatsächlich: Der Anbau der Kakaopflanze ist mit so hohen Auflagen und Problemen verbunden, dass mittlerweile viele Farmer auf Kautschuk umgestiegen sind.

Wer weiß, am Ende müssen wir noch an einem Radiergummi nuckeln, um unsere armen Seelen zu laben. Wenn die Europäer 50 Prozent aller Schokoladenbestände verbrauchen, die weltweit produziert werden, dann lassen wir dem Rest der Welt wahrlich nicht viel übrig.

In China taucht man gerne Insekten in flüssige Schokolade ein. Wahrscheinlich genauso knusprig wie frittierter Brokkoli. Und bestimmt gesünder als irgendwelche sauren grünen Gummischlangen, die an der Supermarktkasse immer noch im letzten Moment in unseren Einkaufswagen springen wollen. Immerhin ist die frittierte Riesenameise Natur pur. Sie gilt als lokale Delikatesse. Allein der Schokoladenüberzug macht sie zum Dessert.

Mit Schokolade wird man niemals fertig. Kaum hat man seine Lieblingssorte, seinen persönlichen Chocolatier des Herzens gefunden, sich also quasi einen Kennerstatus erworben, gesellen sich auch die Ableger dieser Passion dazu. Die Schokolade kommt immer wieder durch die Hintertür irgendwo rein. Und sei es als Insekt.

Zum Beispiel die Mousse au Chocolat. Wo gehört sie hin? Sie funktioniert wahrlich nicht nur als Dessert, sondern auch sehr gut zum Frühstück oder immer wieder als Snack zwischendurch. Aber ach, sie kommt in puncto Qualität ebenso vielfältig daher wie das kleine Schwarze. Ob es nun bei Gucci 5000 Euro kostet oder bei KiK 5 Euro … es bleibt ein schlichtes schwarzes Kleid. Und dennoch liegen für die Kennerin ganze Welten dazwischen: Das billige Teil zuppelt, lädt sich statisch auf, zieht Fäden, hat keine Passform und leiert aus. Einmal gewaschen, bleibt ein grauer Wischlappen übrig.

Das edle Teil hingegen hat Abnäher, einen Unterrock, hochwertiges Gewebe, feines Material, ist rundum ansehnlich, elegant geschnitten, verliert die Form nie, verwandelt unsere Figur in die eines Topmodels, macht rank und schlank, wird zum Klassiker, ist zeitlos, beständig, nachhaltig und jeden Euro wert. Es hat Klasse, Stil und strahlt Noblesse aus.

Und so gibt es auch einen eklatanten Unterschied zwischen reichhaltiger, schwerer, sahniger Konsistenz mit noch kleinen Schokobröckchen drin, die auf der Zunge zergehen. Halb zum Anbeißen, halb zum Wegschlecken, stichfest vor allem, der perfekte Abschluss, ja, die Krönung eines eh schon delikaten Menüs. 70-prozentige dunkle Schokolade, drei Eier, ein Becher Sahne, Butter und Zucker. Ein wunderbar fluffiger Schokoladentraum … Mehr Schlaraffenland geht wahrlich nicht! Die Konsistenz der Schaummasse macht die aromatische Vielschichtigkeit zum göttlichen Geschmackserlebnis. Aroma und Textur katapultieren den Schokojunkie in überirdische Sphären. Das ist es, was eine Mousse au Chocolat bester Qualität ausmacht. Taugt auch hervorragend als Henkersmahlzeit.

Oder man nimmt die Fertigpulvertüte, einen viertel Liter Milch und den Elektromixer. Drei Minuten, fertig. Kommt erst einmal als Seelenwärmer daher und bezeichnet sich selbst als »Luftig-lockeres Schokoladendessert mit einem intensiven Schokoladengeschmack und Schokoladenstückchen«. Doch ich habe den Feldversuch gestartet: Die kleinen Schokokrümel sind qualitativ sehr schlecht und eigentlich eher vorgeraspelte, winzige Tröpfchen, die man bestenfalls zum Backen von Muffins verwenden kann.

Nein, eine edle Mousse au Chocolat ist nicht immer ein Dessert-Vergnügen für die ganze Familie. Der besonders kräftige Schokoladengeschmack und die lockere Konsistenz machen diese französische Süßspeise so unwiderstehlich und da darf man einfach keine Abstriche machen. Die Zubereitung der Mousse au Chocolat ist mit Fertigpulver zwar einfach und gelingsicher. Idiotensicher. Aber man darf es nicht »backen« nennen und lukullisch keine großen Ansprüche haben. Denn es bleibt eine kalt gerührte Dessertcreme – und der Unterschied zur altbekannten »Paradiescreme« ist kaum wahrnehmbar. Zwar handelt es sich wie bei fertig gekaufter Mousse au Chocolat um etwas Leckeres, jedoch auch leider um etwas ebenmäßig zu Tode Gerührtes, um etwas viel zu Leichtes ohne Tiefe. Ich würde sagen, um etwas, das im Geschmack flach und am Gaumen schnell zusammenfallend ist, bei dem das Gefühl zurückbleibt, im Nachhinein nichts gegessen zu haben. Eine sparsame Ersatzbefriedigung und keinesfalls ein Fest für den Gourmet. Alles in allem handelt es sich also um eine kalorienreiche Enttäuschung.

Wer dieses gerührte Pulver einmal mit einer handgemachten, reichen, schaumigen, luftigen Mousse vergleicht, der blickt nie mehr zurück. Man kann einfach keine Ware zweiter Wahl, kein Surrogat, akzeptieren, wenn man ein einziges Mal erlebt hat, was eine *perfekte* Mousse au Chocolat sein kann: die absolute Glückseligkeit! Eine Sünde, die nicht mal mehr Platz für ein schlechtes Gewissen lässt.

Das Einzige, was man zur Linderung der Kalorienzahl tun kann, wäre, sie zu teilen. Doch halte ich davon nicht viel, denn ungeteilt wird wenigstens nur eine Hüfte dick und nicht gleich mehrere.

Etwas, das es mit der Mousse au Chocolat auf meiner Sündenskala am ehesten noch aufnehmen kann, ist ein exzellentes Tiramisu. Zumindest liefert beides eine zuverlässige Dosis, die den Schocoholic am Leben erhält. Ein Junkie verlangt immer nach mehr. Und ich verrate Ihnen, wie die beste Mousse au Chocolat sogar noch eine Steigerung erfahren kann: mit einem Schuss Baileys. Und doch, es gäbe da noch etwas: ein Hauch Grand Marnier und obenauf ein wenig geraspelte Orangenschale. Pistazien tun es auch als Dekoration. Eine luftige Hippe anbei, ein Tupfer Sahne obenauf, und voilà! Und dann bitte alles in einer schönen Porzellantasse servieren! Hiiilfe!

So mancher Schocoholic würde sich an dieser Stelle bestimmt gerne mit mir duellieren, da ich keinerlei Alternativen zulasse. Es gibt schließlich auch Schokoladenlavaküchlein mit schmelzendem Kern. Eine weitere illegale Sauerei. »Fondant au chocolat« nennen es die Franzosen. Denn wie ein Strom flüssiger Lava ergießt sich nach dem Anschneiden eine köstliche Zartbitterschokoladencreme aus der knusprigen Schokoladenhülle. Die bereits fertigen Küchlein einfach 30 bis 40 Sekunden in der Mikrowelle oder ca. 10 bis 15 Minuten im Backofen erwärmen. So wird der Teig wunderbar saftig und der Kern herrlich cremig.

Daneben gibt es natürlich noch Karamell-Brownies mit geschmolzenen Rolos: Saftige Rolo-Brownies, süßes Karamellmousse und fluffiges Schokoladenmousse schichten sich abwechselnd zum ultimativen Schoko-Karamell-Genuss auf.

Und kennen Sie schon das Schokoladenkugel-Dessert? Im Innern einer Kugel ist Eis und die Kugel wird anschließend mit einer heißen Karamellsoße übergossen. Somit schmilzt der Schokoladenmantel und das ganze Dessert kommt zum Vorschein.

So etwas gehört zu der Sorte Süßspeisen, über die Ihre Gäste noch zehn Jahre später reden werden.

Genauso wie über eine Schokoladenschale. Auch ein Experiment für unheilbar passionierte Schokojunkies: Über einem geölten Luftballon wird erwärmte, glänzende, flüssige Kuvertüre gegossen, sowohl weiße als auch braune, die mit einem Holzstäbchen künstlerisch zu einer Melange ziseliert wird. Über Nacht kalt stellen, dann den Luftballon einfach anstechen, sodass die Luft entweicht. Was übrig bleibt, ist eine dekorative Schokoschale, die mit Blüten, Konfekt oder gerne auch mit Juwelen – wenn es ganz exklusiv sein soll – gefüllt werden kann.

Alternativ gibt es auch noch pudriges Trüffel-Kakao-Konfekt zu kaufen. Am besten genießen Sie die Goufrais-Pralinentrüffel eisgekühlt: Das zunächst feste Konfekt entfaltet sein feines und doch kräftiges Kakaoaroma dann langsam und zart schmelzend.

Überhaupt eine Frage, die mich lange beschäftigt hat: Ab wann darf sich eine Praline eigentlich Trüffel nennen? Und was ist edler: Praline oder Trüffel?

Trüffel-Pralinen, Buttertrüffel oder Schokoladentrüffel sind kugelige Pralinen mit einer Ganache-Füllung – einer schnittfesten Emulsion aus Schokolade, Sahne und Aromen. Die Füllung ist eine Melange aus Butter, Sahne und Kuvertüre, die geschmolzen und cremig gerührt wird. Typischerweise wird sie noch mit diversen aromatischen Ergänzungen verfeinert, vor allem mit Rum, aber auch Kirschwasser, Calvados, Marc de Champagne, Whisky oder Eierlikör. Als wäre dies noch nicht der Sünde genug, wird der Trüffel dann auch noch dick in Kakao gewälzt. Kommt natürlich von den Franzosen. Die haben sich ja schon seit jeher die größten Passionen ausgedacht.

Am Trüffel kommt der Schokoladenfreak in Italien aber auch keinesfalls vorbei. Dort kommt das Dessert als kleine Eisbombe daher, genannt Tartufo di Pizzo. Eigentlich handelt es sich um eine riesengroße Eispraline mit einem pudrigen Kakaoüberzug. In Wahrheit ist es aber cremiges Eis in den Geschmacksrichtungen Zabaglione und Nougat, überzogen mit karamellisierten Haselnussstückchen und Kakaopulver. Wer das auf Capri genießt, muss ganz automatisch zu der Erkenntnis gelangen, dass ein Leben ohne Sünde nicht lebenswert ist. Es müssen besondere Menschen gewesen sein, die sich all das ausgedacht haben. Ein Herz aus Stein können sie nicht gehabt haben. Es ist Kulturgut!

Es zeigt uns außerdem, wozu der kultivierte Mensch fähig ist, wenn er sich zu Höhen aufschwingt, die über das alltäglich Normale hinausgehen. Um dem grauen Alltag zu entfliehen, um sich selbst ein wenig zu verwöhnen, ist Schokolade der beste Seelentröster aller Zeiten: ob quadratisch, praktisch, gut oder als edle Praline – Hauptsache, man gönnt sich was!

DÉSIRÉE IM SCHOKOLADENLAND

Passionen sind generell aber auch immer von Leiden und Opferbereitschaft begleitet. Für alles, was das Herz höherschlagen lässt, nimmt man gerne Qualen in Kauf. Sind es die Pferde, opfert man Freizeit und Ersparnisse, um tagein, tagaus, egal ob an Feiertagen oder bei Regenwetter, frühmorgens im Stall anzutreten, zum Striegeln, zum Satteln und zum eisernen Training. Blutige Füße beim Ballett, Rückenprobleme und weite Anreisen beim Rudern, ausgeschlagene Zähne, Kreuzbandrisse und Sauwetter beim Fußball gehören einfach dazu. Man wirft die Leidenschaft in die Waagschale, um nach Höherem zu streben.

Und so bleibt ewig auf der Suche, wer seine Mission in der sinnlichen Befriedigung durch Confiserie und Schokoladen aller Art findet.

In welche Zwangslage befördert einen nicht schnurstracks die Wahl eines edlen Desserts? Eigentlich begleitet von Gewissensbissen und guten Vorsätzen der Mäßigung, bringen wir das große Opfer, uns dem puren Genuss hinzugeben. Am besten schamlos. So wird man schnell zum Wiederholungstäter. Die anonymen Schocoholics gibt es leider noch nicht. Obwohl wir so viele sind mit unserem Guilty Pleasure. Aber uns alle eint der Gedanke: Die nächste Diät beginnt immer am Morgen danach.

Welch ein Glück, den schamlosen Genuss dadurch aufrechtzuerhalten, dass die Liebe zur Schokolade der Kreativität absolut förderlich ist. Ich meinerseits warte auf die erste Stadt, die komplett aus Schokolade besteht.

Die Idee des Eishotels in Jukkasjärvi 200 Kilometer nördlich des Polarkreises in Schwedisch Lappland, weltweit das erste Eishotel, galt anfangs auch als Utopie.

Jeden Winter wird inzwischen aus 30 000 Tonnen Schnee und 10 000 Tonnen kristallklarem Eis aus dem nahe gelegenen Torne-älv-Fluss ein neues Eishotel mit einem einzigartigen Design erschaffen. Im Sommer schmilzt es dahin. Mit dem Frühlingserwachen und den ersten wärmenden Sonnenstrahlen fällt bei einer dramatischen Inszenierung der Vorhang und die Illusion lebt nur noch in der Erinnerung. Ein echtes Saisongeschäft. Welch gewagtes, fantastisches Konzept. Eine über jegliche sinnlich wahrnehmbare Vorstellungskraft hinausgehende Wunderwelt, und doch real.

Zum Eishotel gehören sogar eine Eisbar, eine Hochzeitssuite und eine Eiskirche. Hier bestehen nicht nur die Wände, Decken und der Boden aus glitzerndem Eis, sondern auch die komplette Inneneinrichtung. Geschlafen wird in einem Bett aus Eis, gespeist auf Stühlen und Tischen aus Eis. Das Licht scheint natürlich durch kristallklare Eislampen. Rentierfelle und kuschelige Schlafsäcke machen den Aufenthalt zu einem Abenteuer, das sich Alice im Wunderland in ihrem Kaninchenbau nicht mit der kühnsten Fantasie auszudenken gewagt hätte.

Und wo bitte bleibt nun das Schokoladenhotel? Dort könnte man die Möbel ablecken, zu Mittag das Bett anknabbern, ein weißes Schokoladenbad in einer braunen Schokobadewanne nehmen, und aus den Wasserhähnen würde sämige Nougatmasse strömen. Ich zumindest würde buchen. Regelmäßig.

Alle Schokoladensorten der Welt und die breite Vielfalt der Confiserie mit ihren tausend Facetten würden zur Verfügung stehen. Welch grandiose Marketingstrategie für Nestlé oder Lindt dies doch wäre, mit riesigen, lebenden Schokoladenfiguren, die als Osterhase oder Nikolaus die Kinder begrüßen und Schokoküsschen verteilen.

Quasi wie auf einem Luxuskreuzfahrtschiff oder in einem Robinson-Ferienresort hätte das Schokoladenland eine eigene Währung: natürlich goldene Schokotaler. So stünde jedes Kind vor dem Dilemma, die bare Münze gleich selbst zu verspeisen oder mit vielen goldenen Schokotalern die ungewöhnlichsten Schokodelikatessen einzukaufen. Vielleicht ein Porträt, individualisiert gepresst, des eigenen Konterfeis ganz aus Schokolade gefällig? Dies schamlos zu verspeisen wäre wahrlich barbarisch. Das Land der Süßigkeiten aus Peter Tschaikowskis »Nussknacker« (nach E. T. A. Hoffmann), dessen berauschende Melodien uns ein Leben lang begleiten, wäre plötzlich Realität, obwohl es aus reiner Fantasie und süßen Träumereien besteht.

Die Hauptstadt im Land der süßen Träume würde »Fudgetown« heißen. Durchzogen von Bächen aus brauner Schokolade und üppigen Sträuchern, an denen die herrlichsten Pralinen sprießen, bestünden die Gebäude als Meisterwerke der Confiserie aus glänzend weißer Zuckerarchitektur. Das Schlaraffenland wäre nichts dagegen. Wer shoppen möchte, erwirbt Schuhe, Handtaschen, Juwelen und Spielzeug aus Schokolade. Auf einem bunten Jahrmarkt in der Candywelt, dem Festival aller Bonbons dieser Welt, spaziert man durch einen Regen aus Karamellen. Gezuckerte Früchte, Lollipops, zierliche Gugelhüpfchen werden überall gratis feilgeboten.

Feenküchlein mit Zitronen-Mascarpone-Creme, in zauberhaften Manschetten und mit Goldstaub benetzt, erwarten die Kundin zur Ladies Hour am frühen Nachmittag.

Wer auf dem Prinzessinnentrip ist, käme an diesen Fairy-Cakes nicht vorbei.

Wie auf einer Lebensmittelmesse kann man überall in hübschen Körbchen (nachhaltig und geklöppelt von blinden, lesbischen Korbflechterinnen aus Down Under) Unmengen an Vanille-Cakepops abgreifen. Glückskekse aller Art werden einem praktisch als Lückenfüller nachgeschmissen. Okay, das Zugeständnis wäre vielleicht, dass nicht alles wirklich aus purer Schokolade ist, aber dafür befänden wir uns ja auch auf einem anderen Planeten mit eigenen Gesetzen.

Und wer wird sich da beschweren, wenn er mit seinem Kalorienpass erst das Land der Waffeln betritt? Eierlikörcreme mit Beerensoße gefällig? Oder Nougatsoße mit Bananen und Sahne?

Im Kreativzentrum könnte jedes Kind aus der unendlichen Vielfalt von Zutaten seine eigenen Schokoladentafeln komponieren. Und nebenan das Gleiche für die Muttis im Fortbildungsseminar für Petits Fours: Zuckerperlen, Lavendelblüten, Baisertupfen würden aus simplen Petits Fours im Handumdrehen kleine Schmuckstückchen zaubern. Das königliche Hüftgold bestünde aus Cupcakes mit Espresso- und Erdnusstopping. Und noch waren wir nicht in der Plätzchenbackstube! Große und kleine Jungs oder Mädels und alles, was auf halbem Wege stecken geblieben ist, Mamas, Papas und die beste Freundin würden zu besonderen Anlässen, und sei es nur zum Frühlingsanfang, mit Himbeerbuttercreme und Fondant überzogen, ihre eigene Festtagstorte mit nach Hause nehmen können. Am Muttertag würde es Hunderttausende von Erdbeerherzen geben, zum Junggesellenabschied Herrentorten und für die Allergiker glutenfreie Schokotorten aus Avocado- und Bananencreme mit einer dicken, fetten Espresso-Ganache. Ich würde mir einen rosafarbenen Drip Cake mit Marzipankrönchen bestellen, und ich weiß ehrlich gesagt nicht, warum ich es noch nicht getan habe. Man ist eben immer noch viel zu zurückhaltend.

Nachdem Hollywood die surrealsten Science-Fiction-Projekte glaubhaft macht, müssten internationale Setdesigner diese Schokoladenhäuser und essbaren Marktplätze doch spielend leicht erschaffen, die mindestens an Charlie in der Schokoladenfabrik erinnern.

Alle Leckereien sämtlicher Kontinente müssten zu erwerben sein und gemäß ihrer Region mit Lokalkolorit präsentiert werden. So hätte das Konzept auch einen pädagogisch wertvollen Aspekt und könnte durch seine »Diversity« steuerlich komplett absetzbar sein. Wie eine Fortbildung.

Auch Architekten, Bühnenbildner, Designer, Bildhauer, Ingenieure etc. würden dort Arbeit finden.

Mannshohe Schokoskulpturen am Marktplatz mit riesigen Schokoladenbrunnen wären das Zentrum dieses magischen Ortes. Dekadente Desserts, bei denen einem das Wasser im Munde zusammenläuft, von der Cheesecake-Bar bis zum Ice Cream Parlour, umgeben von bunten überdimensionalen Türmen aus Macarons, die man im Vorübergehen einsacken kann, würden die Reise ins Land der Süßigkeiten zum Festival aller Zuckerjunkies machen. Wie ein Glyndebourne für die Opernliebhaber. Von der Schokoladenpavlova bis hin zu gigantischen Wolkengebilden aus Zuckerwatte wäre es eine Zauberwelt voll lukullischer Überraschungen.

Ein Besuch in einer Patisserie von Ladurée in Paris kommt ziemlich nahe an diese Vision heran. Gut, es ist wirklich nicht alles aus Schokolade dort, vieles ist auch aus güldenen Mandeln, pittoresken Confiserien und zierlichen Rokokogebilden aus schneeweißen Baisers. Aber unter diesen Umständen drückt man doch gerne ein Auge zu.

Wie am Flipperautomaten würde eine Hebelbewegung genügen, um Softeis, Schokostreusel, Marshmallows aus riesigen Rohren in gegossene Schalen aus purer Schokolade abzufüllen. Selbst die Löffel und das Besteck wären aus Kuvertüre, sodass man auch das Geschirr noch verspeisen könnte. Quasi eine Welt ganz ohne Abfall und Abwasch, alles könnte restlos weggeknabbert werden. Eigentlich ein Schokoladenmuseum, natürlich mit angeschlossenem Rathaus, in dem man tatsächlich auch heiraten kann. Um dann vor der größten Hochzeitstorte der ganzen Welt zu posieren, in der Hand ein gigantisches Bouquet, gebunden aus den ganz persönlichen Lieblingspralinen.

Wie lange würden wir es dort wohl aushalten?

Der süße Sommernachtstraum hätte vielleicht sogar ein Happy End, wenn man danach durch diesen Overkill bis ans Lebensende von Süßigkeiten geläutert wäre. Wie ein Junkie, der mit Synanon von der Droge losgekommen ist und seither ein suchtfreies Leben führt.

Beim Auschecken würden wir Kunden einen individuellen Kalorienpass erhalten, der die Energie, die wir aufgenommen haben, auf unserem Kalorienkonto ausweist.

Schließlich würden wir nicht in Gold, sondern in Schokolade aufgewogen werden. Bei so viel Energie, die der Genuss von Schokolade verspricht, ergibt sich automatisch, dass wir bereit sind, für unsere Leidenschaft einen hohen Preis zu zahlen.

Da muss doch irgendeiner mal die Notbremse ziehen. Zumindest in meiner Fantasie.

DIE SCHOKOLADENDIÄT – ZU GUT, UM WAHR ZU SEIN?

Heißt es nicht, die Feuerwehr bekämpft bei einem Großbrand Feuer mit Feuer? Warum also nicht die Schokoladensucht mit Schokolade bekämpfen? Wäre doch die logische Konsequenz!

Nach dem Supertrip würde man, ausgerüstet nur mit ein paar bescheidenen Brownies, direkt auf Diät gehen. Aber auf was für eine: abnehmen und Schokolade naschen? Da schwinden dem Schocoholic doch die Sinne. Klingt zu gut, um wahr zu sein, oder? Und sie hat in einer von Ernährungswissenschaftlern ziemlich ausgeklügelten Variante sogar ihren festen Platz. Ich selbst kann nur bestätigen, dass der Genuss von Schokolade eine Diät, die auf 1000 Kalorien am Tag basiert, nicht ruiniert. Und wie jeder Speiseplan, wie jedes Konzept, hat auch sie ihre strengen Regeln.

Wir haben wirklich keinen Anlass mehr, uns schuldig zu fühlen, wenn wir auf Schokodiät gesetzt sind, denn wir befolgen strenge Regeln: Die Schokoladendiät beginnt 72 Stunden vor der eigentlichen Diät. Hier wird vollständig auf Zucker verzichtet, erlaubt sind aber drei moderate Mahlzeiten am Tag. Zu beachten ist, dass man laut Diätplan dazu »gezwungen« wird, jeweils 30 Minuten vor dem eigentlichen Essen zwei Stück dunkle Schokolade zu verzehren. Also ich kann mir Schlimmeres vorstellen. Zusätzlich werden zwischen Mittag- und Abendessen on top noch zwei Stücke Schokolade gegessen.

Wie bei jeder Diät darf man aber nicht über die Stränge schlagen.

Und hier für die Insider: weg mit der Vollmilchschokolade, der Schoki mit Nüssen und Rosinen, Streuseln und was es sonst noch so gibt. Die Basis für dieses Konzept ist die pure Bitterschokolade. Denn dunkle Schoki enthält sehr viel Kakao und dadurch positivere Eigenschaften. Die Bitterstoffe sollen den Appetit hemmen und dafür sorgen, dass der Blutzucker länger stabil auf einem Pegel bleibt, anstatt Heißhunger hervorzurufen.

Viel wichtiger ist aber der psychologische Aspekt. Oft werden Diäten dramatisch abgebrochen, weil der Wahnsinnsheißhunger nur bedingt erträglich ist und es in der Folge zu regelrechten Fressattacken kommt. Da die Schokoladendiät aber jeden Tag ein bisschen Süßes beinhaltet, bleibt der Heißhunger darauf aus. Wie in einer Entzugsklinik gibt es lediglich zwei Stückchen von dem edlen Gut. Dafür aber vor *jeder* Mahlzeit. Also dreimal täglich. Praktisch verteilt über den Tag zwei Rippen. So behalten wir die Kontrolle, geradewegs wie ein Junkie, der zu einem der User-Cafés geht, in denen man sich in gemütlicher Umgebung den Schuss setzen darf oder wahlweise auf Krankenschein zum Methadon eingeladen wird. Gelernt werden soll, zwischen unkontrolliertem Schokoladengenuss und ganz bewusstem Essen der süßen Versuchung zu unterscheiden.

Ich glaube, dass ich persönlich seit Jahrzehnten diese Diät mit Haut und Haar lebe. Ein Leben ohne Schokolade wäre für mich zwar theoretisch denkbar, aber praktisch völlig sinnlos.

SCHLECHTE HAUT DURCH SCHOKOLADE?

Bleibt noch ein anderes Übel, das den schlechten Ruf der Schokolade begleitet: Bekommt man von Schokolade wirklich Pickel? (Im Übrigen wird das auch einem saftigen Steak nachgesagt oder gar sehr scharf gewürzten exotischen Speisen.) Wieder einmal haben all jene ihre große Stunde, die danach trachten, uns alles zu vermiesen, was das Leben erst lebenswert macht. Denn es heißt, der Verzehr von fettigen und zuckerhaltigen Produkten rege die Talgproduktion an, was wiederum zu einer vermehrten Pickelbildung führe. Auch Milcheiweiß habe eine hormonelle Wirkung und könne Akne verschlimmern. Somit würde dies auch eine Begleiterscheinung des Genusses von Quark sein.

Ich würde empfehlen, mit Rohkost als Kontrast die Balance zu halten. Wenn man trotzdem immer wieder Pickel oder Akne bekommt, bleibt immer noch die Möglichkeit, einen Dermatologen aufzusuchen und die Ursachen abklären zu lassen.

Heutzutage gibt es unendlich viele Möglichkeiten, die Beschwerden und Symptome von Hautunreinheiten zu behandeln. Nehmen wir nur etwa Fruchtsäurepeelings. Bei schlimmen Formen von Akne könnte vielleicht auch eine Laserbehandlung Abhilfe schaffen. Warum aber wurde versucht, der Schokolade auf diese Weise heimtückisch die Magie zu nehmen?

Sobald meine Haut gestresst wirkt, greife ich auf Peelings, Waschgels und Masken zurück, aber ich würde unter gar keinen Umständen der Schokolade die Schuld zuschieben.

Zu viele Menschen, die Süßes verachten, sehen zerknittert aus, haben ein fahles Hautbild, dunkle Augenschatten und sprödes Haar. Man sollte ihnen empfehlen, mehr Schokolade zu essen, um Glückshormone zu produzieren.

Ich denke, das Ammenmärchen von der Schokolade, die Pickel verursacht, ist eher dem Volksmund zuzuschreiben und stammt noch aus Zeiten, in denen man sich bei Sonnenbrand einfach Joghurt auf den Rücken geklatscht hat.

Die These lässt sich jedenfalls nicht wissenschaftlich belegen. Es gibt jedoch eine Reihe von Hypothesen zu dieser Thematik. So wird etwa vermutet, dass Schokolade Akne verschlimmern könne, indem sie zu einer stärkeren Verstopfung der Poren führe. Aber die Akne war schon vor der Schokolade da und hat doch meist hormonelle Ursachen.

Eigentlich sollte man danach trachten, der Schokolade den Ruf eines Guilty Pleasures zu nehmen. Wäre der Genuss nicht umso beglückender, wenn es uns gelingen würde, den Aspekt des Schuldgefühls zu eliminieren? Dann wäre Schokolade ein eindeutiges PLEASURE.

DAS ABSOLUTE SOULFOOD – BAHN FREI FÜR ENDORPHINE

Schokolade ist und bleibt meine große Schwäche. Das ganze Leben ist ein einziges Wettrennen, eine Herausforderung, die nie aufhört, es droht immer wieder sich unserer Kontrolle zu entziehen. Dann nehmt uns doch nicht auch noch die Schokolade! Sobald es wirklich gemütlich wird, sagen wir, man bereitet einen leckeren Überraschungskuchen für Freunde zu, gestaltet einen Fernseh- oder Spieleabend, plant eine Überraschung oder Anerkennung, darf doch die Schokolade nicht fehlen. Sie krönt einfach alles!

Schokolade macht alles, was eh schon gut ist, noch einen Tick besser. Sie ist mein absolutes Komfortfood. Die Tatsache, dass Schokolade, die 70 Prozent Kakao enthält, sogar gesund ist, lässt mich wieder an das Gute in der Welt glauben! Das Beste daran ist, dass man die Gehirnzellen damit sogar manipulieren kann. Wir suggerieren ja, wir wären pappsatt, und löschen vorerst jegliches Hungergefühl aus, wenn wir einfach einen Riegel auf der Zunge schmelzen lassen. Also fällt es uns leichter, zu Mittag auf den Schweinebraten mit Klößen und Soße nebst einem Bier zu verzichten. Ich überliste doch lieber meine Insulinproduktion, als 900 Kalorien zu Mittag zu verputzen!

Schokolade zaubert mir ein Lächeln auf die Lippen. Ich sehe auf Bildern einfach besser aus, wenn ich mich nicht kasteie. Schaut mich an: Wie halte ich mich attraktiv und fit? Durch Schokolade!

Sie ist und bleibt der optimale Seelenwärmer! Und wer sich gut und vom Herzen erwärmt fühlt, im Einklang mit sich selbst und dem Leben ist, der öffnet automatisch seine kreativen Schleusen. Was zur Folge hat, dass die Schokolade sogar die bildende und darstellende Kunst beflügelt!

Wir alle kennen den Film »Charlie und die Schokoladenfabrik« und keinem Kind sollte das zauberhafte Ballett »Der Nussknacker« vorenthalten werden mit seinem absoluten Fantasieflug durchs Land der Süßigkeiten. Denn Schokolade war ja schon immer eine Metapher. Selbst wenn wir sie nicht genießen, erweckt sie in unserem Hirn wohlige Stimmungen: diese Süße, der samtige Schmelz, die Festigkeit, welche ihre Konsistenz durch oralen Genuss verwandelt. Dieses Sich-Einverleiben. Ganz klar symbolisiert Schokolade von allen Leckereien die erotischste Variante. Mit dieser metaphorischen Kraft weckt die Schokolade bittersüße Erinnerungen: Denken wir nur an Trude Herr und ihren Song »Ich will keine Schokolade, ich will lieber einen Mann« oder an Doris Days »Chocolate Sundae on a Saturday Night« oder auch an – »Savoy Truffle« von den Beatles.

Genauso wie die Musik, setzt der Genuss von Schokolade Endorphine frei, erweckt unsere müden Glieder zum Leben und beflügelt unsere Stimmung. Wir alle wissen, dass ein naiv wirkender R&B-Song über eine heiße Samstagnacht mit einem XXL-großen Schokoladen-Sundae in der Hand so unschuldig nicht sein kann … Und wie die Sauberfrau Doris Day so wunderbar verführerisch haucht: Es gibt nichts Schöneres, als nach einem Date heimzukehren und allein eine heiße Schokolade zu schlürfen. Die Stimmung dürfte in etwa jener entsprechen, die mit dem Genuss eines ordentlich gerollten dicken Joints vergleichbar ist.

Würde Jesus Christus vielleicht sogar mehr Seelen retten können, wenn in der Christmesse statt der fahlen Oblate Schokoladentafeln beim Abendmahl verteilt werden würden?

Ich halte das für keine schlechte Idee! Denn die Schokolade symbolisiert in wunderbarer Weise auch die Vielfalt: Als schwarzer Sirup kann sie über Eis geträufelt werden und verwandelt sich – geradewegs wie der Wein in das Blut Christi bei der Wandlung – in eine knackige, feste Schicht. Schokolade taugt als Metapher für das ganze Leben, drückt sie doch die Gier nach unerfüllten Leidenschaften aus: Zu viel ist nie genug! Wer kann schon die Pralinenschachtel nach nur *einem* Trüffel schließen?

Eigentlich wundert es mich, dass es noch kein Parfum und Eau de Toilette mit Schokoladenduft gibt: Der olfaktorische Genuss wird meist unterbewusst wahrgenommen und ist eine der angenehmsten Begleiterscheinungen für den Gourmet. Die lustvolle Magie der Schokolade funktioniert eben über die Stimulierung sämtlicher Sinne und hat genau deshalb den Ruf weg, sündhaft zu sein. Bei solch einer göttlichen Macht kann doch nur der Teufel selbst im Spiel sein.

Sie umgarnt uns von allen Seiten, bezirzt uns, wenn wir am wenigsten damit rechnen, kommt sie doch sogar äußerst populär als Riegel daher! Wenn man sich schon die 100-Gramm-Tafel verkneift, so fällt man doch nur allzu gerne auf den handlichen Snack in Form von Mars oder Snickers herein, den man – ganz sportlich – in der Handtasche bei sich führen kann, der auch mal im Rucksack längere Zeit vergessen werden kann, uns in jedem Vier-Sterne-Hotel in der Minibar überrascht und in Kreativ-Meetings in jeden Corporate-Strohkorb auf den Konferenztisch gehört. Kuchen und Eiscreme, Muffins und Milkshakes, Cookies und Smarties, Weihnachtskalender und Überraschungseier, überall hat sich die Schokolade durch die Hintertür eingeschlichen.

Der Stimmungsaufheller funktioniert definitiv auch über sein Aroma. Und so denke ich, dass die Parfümeurs mit dieser Note spielen sollten. Nicht dass man nach Kakao riechen soll, aber ein exotisches Flair mit schwerer Süße, das ganz unbewusst Verlangen weckt, dürfte doch allen das Herz erwärmen.

Eine mediterrane Nacht, dunkel und schwül, an einem funkelnden Ort, dessen Sternenglanz in den Baumkronen irrlichtert, begleitet vom rhythmischen Zirpen der Grillen und einer erleuchteten Uferpromenade in der Ferne, mag uns betören, geht aber ganz en passant auch mit Aromen einher: Zypressen und Pinienwälder, Salzluft und Zitrusfrüchte schwingen mit, wenn wir uns daran erinnern. Aus dieser mystischen Atmosphäre müssen einst bei den Azteken die Rituale entsprungen sein, denn eine höhere Macht muss einfach ihre Finger im Spiel haben, um solch überirdische Stimmungen zu erschaffen. Allein der Geruch assoziiert schon einen bittersüßen Geschmack und weckt Verlangen nach der Stimulation aller Sinne: die Süße schweren karibischen Rums, die Leichtigkeit natürlicher Vanille, der Saft von Orangen, Mango, Zitrus, die Festigkeit praller, aromatischer Bananen, Minze … All das fließt in das Konzept zweier kleiner Happen Bounty mit ein, das uns einen Ausflug in sämtliche Karibikträume verspricht. Überhaupt diese betörenden Cross-over-Produkte: Kaffeebohnen, dick ummantelt mit Vollmilchschokolade, bunte Smarties, die einen Kindergeburtstag erst zur Party machen, M&M's, der kunterbunte Knabberspaß …

DIE PSYCHOLOGIE DER M&M'S

Im ICE stundenlang vor sich hin dösend, gibt es nichts Schöneres, als zur Kompensation sämtlicher Verspätungen der Deutschen Bahn diverse Tütchen aufzureißen, reinzugreifen und loszuknabbern.

Ausgewählte, dicke, saftige Erdnüsse bester Qualität – allein schon eine Sünde wert – treffen auf köstliche Milchschokolade mit einer knackigen, bunten Hülle. Auf diese Weise schmelzen M&M's Peanuts im Mund und nicht in der Hand. In der handlichen Tüte sind die köstlichen M&M's der perfekte Begleiter für zwischendurch. Nie werde ich den Sprint vergessen, als im DB-Bistro die kleine Packung ausverkauft war und mich die 150-Gramm-Tüte frech anlächelte. Der gute Vorsatz, mir die Familienpackung gut einzuteilen, erwies sich schnell als Selbstbetrug: M&M's-Tüten muss man einfach komplett aufessen! Allemachen. Verputzen. Restlos wegfressen. Ich weiß nicht, wie die Dinger das schaffen. Gemeinerweise kommt wohl bei diesem Produkt auch noch das taktile Spiel, der haptische Genuss, als Krönung hinzu. Wie kann man nur so ein hinterhältiges Produkt kreieren?

48 Prozent Milchschokolade mit Zuckerüberzug! Nur 24 Prozent Erdnüsse! Farbstoffe satt! Palmkernöl, Aromen, Glukose, Emulgator, Überzugmittel Wachs, Gummi arabicum, Kakaomasse, nein, das ist für mich kein Lebensmittel mehr, das ist eine Droge.

Nennen Sie mich zynisch, aber ich gehe so weit zu sagen, dass M&M's aus der großen Packung besser schmecken als aus der kleinen! Und diese Theorie verteidige ich vehement. Denn es gibt einen signifikanten Unterschied zwischen sogenannten individuellen Portionen, die auf beliebig bunten Tellern in Kleinpackungen von zehn Gummibärchen portioniert sind, und der 150-Gramm-Packung, die von selbst standfest vor einem auf dem Tisch platziert wird, ohne ans Umkippen zu denken.

Meiner Meinung nach gehört es zu den wirklich wichtigen Dingen des Lebens, dahinterzukommen, warum das so ist. Ist es faktisch wahr, ist es Psychologie oder ist es gar Halluzination und Wahnsinn? Vielleicht schmecken sie ganz profan deshalb besser, weil einfach mehr drin ist? Vielleicht weil man nicht einschätzen kann, wie viele man davon isst? Vielleicht weil man den Überblick verliert, wenn die Menge nicht überschaubar ist? Vielleicht weil man bereitwillig JA zum Exzess sagt?

Wird nämlich die handliche Portion verputzt, so weiß man genau, wie viele man zu sich genommen hat, und kann immerhin noch die intellektuelle Leistung erbringen, dass man sich in genau 60 Sekunden ganze 230 Kalorien reingeschaufelt hat.

Will sagen, das Hirn schaltet nicht auf Sparmodus. Es arbeitet noch mit.

Als wissenschaftliches Experiment wäre es doch denkbar, fünf kleine Packungen und eine große Packung zu besorgen und sie auf zwei verschiedene Schalen zu verteilen. Um hier eine empirische Statistik zu erheben, müssten die Schalen gekennzeichnet und dann von einem wissenschaftlichen Assistenten vertauscht werden, um sich quasi vor Beeinflussung zu schützen. Unabhängige Probanden müssten dann von jeder Schale kosten und notieren, welche Art der M&M's delikater schmeckt. Der richtige Nerd würde die ganze Nachbarschaft einladen, um mit verbundenen Augen an dem Experiment teilzunehmen. Und ich vermute mal, dass es zu dem Ergebnis kommen würde, dass die M&M's aus der großen XXL-Tüte die besseren sind. Aber warum?

Nun, die Großtüte mag einen Inhalt haben, der frischer ist, dessen Schokoladenüberzug cremiger ist. Die M&M's einer kleinen Tüte mögen knackiger und härter sein, die Erdnüsse kleiner. Warum? Damit mehr in die eh schon kleinere Tüte hineinpassen, für mich eine reine Frage der Proportion! Denn eine große XXL-Tüte mit kleineren M&M's kommt ziemlich armselig daher, weil außerdem natürlich mehr Nüsse enthalten sein müssen, um diese große Tüte abzufüllen. Wenn nun aber die großen, dicken Erdnüsse mit Schokolade überzogen sein müssen, benötigt es dafür doch wohl auch mehr Masse, um sie zu ummanteln, also mehr Material. Das macht das Ganze schwerer! Deshalb besteht die Riesenpackung M&M's aus dickerem, glänzenderem Material, während die kleine Portion eher aus knisterndem, recht leichtem, mattem Papier besteht. Dies hat garantiert einen Einfluss auf die Qualität. Die Großpackung bleibt aus meiner Sicht frischer, während die kleine Portion schneller austrocknet und dabei ja eh schon kleinere Nüsse mit weniger Schokolade enthielt. Kaufen Sie also bitte nur noch die standfesten XXL-Packungen, wenn Sie Profi sein wollen! Diese dämlichen Portionstütchen sind was für Amateure. Kindergarten!

Im nächsten Leben werde ich Produkttesterin für die Süßwarenbranche, und glauben Sie mir, ich setze ganz neue Maßstäbe fürs Expertentum!

Wer hat sich nur solch eine Schweinerei wie die M&M's ausgedacht? Denn die Idee ist sehr raffiniert: Die Beschichtung soll das Schmelzen der Schokolade in der Sonne verhindern. Der Name steht für »Mars & Murrie's«, nach Forrest E. Mars, dem Erfinder der M&M's, und dessen Geschäftspartner Bruce Murrie. Also die Dinger hätten auch ganz anders heißen können, je nach Abstammung ihrer Designer. O&H's zum Beispiel: Oetker und Hipp! Wäre ich die Queen, würde ich die beiden Herren in den Adelsstand erheben, denn ich bin der Meinung, sie haben Großes für die Menschheit getan. Sogar M&M's beinhalten schon von der Artikulation her ein genüssliches »Hmmmm&hmmmm« … und sind polyglott verständlich! Alles in allem ein gelungener Rundumschlag, der seinesgleichen sucht!

Wer danach Vitamine braucht, der kann ja einen eiweißhaltigen Schokoladen-Cheesecake backen. Mit Limetten-Frischkäse-Topping. Dazu natürlich zur Stärkung eine Tasse heiße Orangenschokolade.

RETRO-SÜSSIGKEITEN

Ein wenig träumen wird man doch noch dürfen? Geht es doch darum, mit dem Guilty Pleasure ein kleines Stück vom großen Glück zu konsumieren. Dem Alltag durch sinnliche und himmlische Kreationen zu entfliehen.

Und das lernen wir viel zu früh: Glauben Sie mir, ich bin eine begeisterte Hausfrau und gehe regelmäßig in lukullische Fachmärkte, um meine Kochkunst immer weiter zu entfalten. Ich glaube, ich darf mit Fug und Recht behaupten, ich kenne mich aus. Ich besitze die raffiniertesten Helfer für den Haushalt und bin die Erste, die genau weiß, wo sich was findet, wie die hochwertigen von den billigen Waren getrennt platziert werden und wo die Bückware liegt.

Aber es gibt ein Produkt, welches ich bislang vergeblich suche: Erinnern Sie sich an die Schokoladenzigaretten? Wo sind sie abgeblieben? Durch was wurden sie verdrängt? Warum springen sie uns nicht in jedem Discounter ins Auge? Einst gehörten sie in jede gute Kinderstube, so wie das rote Bobbycar.

Was waren das für inspirierende Momente, quasi eine Initialzündung für die Fantasie, als man auf dem Spielplatz eine echte Packung mit Schokoladenzigaretten bei sich hatte und die schauspielerische Glanzleistung vollbrachte, diese auch tatsächlich zu paffen!

Nie werde ich vergessen, als mein eigener Sohn mit verschmiertem Schokomund und braunen Händen zu mir sagte: »Gell, Mama, das sind keine Schokoladenzigaretten?«, und ich, Zeitung lesend, aus den Augenwinkeln ungerührt erwiderte: »Neeeeiiin, das sind KEINE Schokoladenzigaretten!«

Was wird hier spielerisch nicht alles fürs Leben vermittelt: Schauspielkunst, Humor, So-tun-als-ob und vor allem die Basics von Ironie. Das Problem mit der Ironie ist, dass sie nichts für Dumme ist. Von der übermächtigen Mutter Zustimmung zu bekommen für etwas, woran bereits die kindliche Skepsis zweifelt, wohl wissend, dass es nicht mit rechten Dingen zugeht, und dann mit einer Suggestivfrage Zustimmung zu erlangen für eine völlige Lüge, welche die eigene Mutter ansonsten moralisch als absolut verwerflich beurteilt, das ist ja nahezu schon die hohe Schule der Diplomatie.

Wieso Kinder um solche Erfahrungen berauben? Welche Weltverbesserer oder besser gesagt Korinthenkacker haben sich hier starkgemacht? Waren sie Versager im EU-Parlament bei wirklich wesentlichen Themen und wollten einen Nebenkriegsschauplatz eröffnen? Ja, im EU-Parlament! Dort sitzt schließlich der Übeltäter, der unsere Kinder um die Schokoladenzigaretten betrogen hat.

Oder vielleicht wollte man dort einfach nur Handlungswillen beweisen, indem man per Gesetzesbeschluss Schokozigaretten, Lakritzpfeifchen und Spielzeugzigarren verboten hat, um irgendetwas Sinnloses zu beschließen? Denn genau das deutet der Änderungsantrag 73 der Europäischen Union an:

»Imitierte Tabakerzeugnisse, die für Minderjährige attraktiv sein können und einen potentiellen Einstieg in den Konsum von Tabakerzeugnissen bieten können, werden verboten.«[1]

Dann bleibt die Frage, warum bei Produkten mit echtem Nikotin und Teer in Straßburg weit laxer und äußerst liberal gehandelt wird. Das Verbot der Naschereien muss angesichts dessen verblüffen. Geht es letztlich vielleicht gar nicht um den Schutz der Kinder, sondern um den Erhalt von Arbeitsplätzen? Oder hat hier die Lobby der E-Zigaretten gesiegt? Sollte man vielleicht auf dem Spielplatz Kleinkindern zur kreativen Förderung eine elektronische Zigarette – die ja auch nur ein Surrogat für einen echten Glimmstengel ist – überlassen? Und zwar in den abartigen Tabakgeschmacksrichtungen von Kirsche über wilde Minze bis hin zu Tiramisu?

Die Kommission wollte ursprünglich die Apparate, die Nikotin verdampfen, statt Tabak zu verbrennen, als Arzneimittel einstufen, in die Apotheke verbannen und Aromen verbieten. Dagegen votierten die Abgeordneten jedoch. Die Schokozigarette hingegen wurde als gefährliche Einstiegsdroge klassifiziert. Und was hat man sich damit nicht für eine Mühe gegeben, allein schon vom perfekten Design her?

In täuschend echt imitierten »Zigarettenschachteln« mit nachgeahmter Steuerbanderole befanden sich die Schokoladenstangen, die in Papier eingehüllt waren, einen aufgemalten Filter hatten und wie echte Zigaretten aussahen. Die Marken

1 Quelle: https://www.spiegel.de/wirtschaft/unternehmen/eu-parlament-verbietet-schoko-zigarette-in-tabakrichtlinie-a-926781.html

imitierten sogar oft den Namen und das Logo der echten Tabakzigaretten, zum Beispiel Roth-Händle.

Im Falle der Kaugummizigarette wurde die Schokolade durch Kaugummi ersetzt. Auch das wurde von den Spaßverderbern wegrationalisiert.

Ob so ein Kinderspielzeug tatsächlich den Weg in die Sucht ebnen kann? Was ist dann mit den Spielzeugpistolen, mit Schild und Degen aus Plastik im Ritterspiel oder gar dem lässigen Colt, der zum Cowboykostüm gehört? Haben diese Einschnitte die Welt verbessert?

Warum darf Gretchen im Faust I von Johann Wolfgang von Goethe ihr Kind zum Versmaß ertränken? Ist das nicht Missbrauch und Anstiftung zur Kriminalität?

Stiftet es gar zur Nachahmung an?

Warum gibt es noch Hubba Bubba? Für die größten Kaugummiblasen der Welt? Die natürlich im Gesicht zerplatzen und uns ordentlich die Haare verkleben. Ist das nicht Körperverletzung?

Was ist mit Leckmuscheln? Ist das der Freifahrschein direkt in die Prostitution, spezialisiert auf die Hansestadt Hamburg?

Warum verbietet man nicht generell die vielen Plombenzieher wie die gigantischen Karamell-Riesen von Storck? Die harten Rauten aus holländischem Nougat von Nappo? Sie fördern schließlich Karies! Allein das Knibbeln aus der Glitzerfolie war dabei schon der halbe Spaß! Man hat die Plättchen sogar sorgsam ausgestrichen und im Poesiealbum aufbewahrt. Weil sie so schön glitzerten.

Kennen Sie noch die Maoam-Kracher? Bei diesen Kaubonbons ist der Name Programm! Ein bisschen sauer, die einen schmecken nach Cola, die anderen nach Frucht, megalecker! Großes Entertainment für die Zunge.

Wer hat noch bei der Kracher-Challenge mitgemacht, bei der es darum ging, so viele Kaubonbons wie möglich in den Mund zu stecken? Ja, auch das war ein verdammt illegaler Spaß!

Wer wagt es, einzutreten für weniger Spaß in einer Kindheit? Wer sind diese Leute? Kein Wunder, dass sie abtauchen und es nicht wagen, sich öffentlich zu erkennen zu geben.

Erinnern Sie sich an PEZ? Es war einfach toll, toll, toll, aus Kung Fu Panda oder anderen bekannten Comic-Köpfen kleine Brausebonbons herauszudrücken. Sie schnippten aus einer schmalen Stange nach oben, wenn man den Kopf zurückgedrückt hat. Die Spender haben längst Kultstatus, quasi wie die Überraschungseier, und sie sind aus meinen Kindheitserinnerungen nicht mehr wegzudenken!

Heute sitzen die Kids vorm Tablet und spielen Candy Crush! Was ist ganzheitlich wohl förderlicher?

WIR wurden noch richtig bespaßt, und zwar auf sinnlicher Ebene, zugegeben über oralen Konsum.

Denken wir nur an essbare Brause-UFOs! Musste man einfach haben, so wie heute das Käppi von Gucci eine Kiezgröße ist.

Denn wenn wir schon nicht an Bord des sagenhaften Raumschiffes Enterprise gehen konnten, hatten wir doch immerhin die kleinen, mit Brause gefüllten Oblaten im Mund. Ein unbedeutender Schritt für die Menschheit – doch für uns so viel mehr …

Überhaupt, Brausepulver … wir waren im Partyland, sobald wir den Mund aufgemacht haben. Wie das prickelte! Ja, es knallte! Und zwar auf der Zunge. Wer erinnert sich noch an das unvergleichlich gute Gefühl, wenn die kleinen Brauseperlen im Mund gehüpft und zersprungen sind?

Ahoj-Brause! Heute schütten wir sie uns, das muss man wohl zugeben, zwar nicht mehr in den Mund, sondern eher ins Wodka-Glas (BumBum!) – aber wie armselig wäre unser Leben ohne diese süßen Kindheitserinnerungen?

Und ja, es geht noch schlimmer! Als wäre Brausepulver auf der Zunge nicht schon genug, tauchten plötzlich auch noch Schluckstangen auf: bunte Stangen aus Papier, die wir natürlich direkt mit den Zähnen aufgerissen und anschließend das pappig-feuchte Papier, das am Gaumen klebte, ausgespuckt haben. Belohnt wurden wir dafür mit einer Ladung Brausepulver in den unterschiedlichsten Geschmacksrichtungen. Es hat sich gelohnt!

Statt Ritalin gab es zu besonders stressigen Zeiten, also vor der Mathearbeit etwa, eine Packung Jaffa Cakes: Wirklich wichtig war es, die Zähne in den weichen Biskuit und die knackige Schokolade zu versenken, um endlich an den fruchtigen Orangenkern zu kommen. Manch einer soll sogar die Schokoschicht zuerst ausgiebig und fein säuberlich abgeleckt haben …

Gott, wie war es schön, die Eltern mit tiefblauen Zungen zu erschrecken, die wir einzig und allein den großartigen Chupa-Chups-Lollis zu verdanken hatten!

Was ist das für ein armseliges Angebot, »grüne« Kids hingegen an einer spröden Lauchstange oder schalen Reiskeksen, die nach Pizzapappe schmecken, knabbern zu lassen? Das ist doch Verrat!

Wenn Süßigkeiten mit der Unterhaltungsbranche verschmelzen, ist dies das Ticket direkt ins kindliche Paradies!

Und als echte Botschafterin dieser Retro-Süßigkeiten bekenne ich mich zur größten Zuckerobszönität aller Zeiten und derer, die noch kommen werden: Kennen Sie Candy Lipsticks? Sorry, aber wir reden hier doch vom Guilty Pleasure? Nun, wir sind jetzt ganz oben auf dem Gipfel, denn jaaa, es gibt sie wieder!

Swizzels Fizzers aus Großbritannien. Wenn die Lippen erst richtig verklebt sind, kann man sich ja auch nicht mehr ordentlich artikulieren! Der Candy Lipstick kommt – brutal – gleich in der 600-Gramm-Packung daher!

Aus saurem Komprimat hergestellt, schmecken die Bonbons im Lippenstiftformat nicht nur lecker, sondern eignen sich ausgezeichnet zum Rotbemalen von Mund und Zunge!

Die bunten ca. 8,5 Zentimeter großen Umverpackungen im Retro-Stil sind wiederverschließbar und machen diese Süßigkeit zum Highlight für kommende It-Girls, Youtuberinnen und Möchtegern-Influencerinnen. Früh übt sich, zumal der Lipstick auf der Lippe ordentlich prickelt, fast wie eine Hyaluronspritze beim Schönheitschirurgen.

Wo bleibt hier die Sorgfaltspflicht der EU, wenn so etwas Versautes noch am Markt zu haben ist? Wahrscheinlich war dies der Tropfen, der das Fass bei den Brexit-Verhandlungen zum

Überlaufen gebracht hat. Und sicherlich ist die abartige Sauerei die Ursache, dass die Frauenbewegung bis heute nur von der Hüfte abwärts funktioniert. Dazu kann man nur sagen: in dubio pro secco.

Ein Hoch auf jede Trinkhalle, die sich schamlos über die EU-Verfügungen hinwegsetzt.

Wo sind die Kerle, die wenigstens Zigarren aus Marzipan auf den Markt werfen? Mal wieder zeigt sich, dass der männliche Körper besser designt ist als das männliche Hirn.

Die klaffende Lücke am Lebensmittelmarkt, die durch derlei Politikverdrossenheit hinterlassen wird, beschädigt kindliche Seelen. Ihnen wurde etwas genommen. Ohne dass irgendjemand dafür auf die Barrikaden gegangen wäre.

Ich erwarte von den Verantwortlichen zur Wiederbelebung des Marktes mindestens die Einführung von Kaugummizigaretten mit Dampf! Das wird bei der heutigen Technologie ja wohl drin sein.

Statt naiver, illegaler Schokozigaretten gibt es jetzt schließlich als Partyhit mit Biss nicht nur Draculagebisse mit Erdbeer-Sahne-Aroma! Nein, pädagogisch wertvoll hat die Süßwarenindustrie uns statt mit Schokozigaretten mit Trolli-Glotzern beschenkt.

Optisch und geschmacklich ein echter Schocker, scheinen uns die großen Glukosebälle mit riesigen Pupillen regelrecht anzuglotzen. Wer mutig genug ist, in eines der täuschend echten fruchtigen Augen aus Schaumzucker-Gummibonbon zu beißen, den erwartet eine supersaure flüssige Füllung. Ein echtes Auge eben! Die einzeln verpackten Glotzer-Augen sollen Kleinkindern einen »wohligen Schauer« über den Rücken jagen. Darf ich fragen, wozu?

Das erschreckende Kauvergnügen gibt es nicht nur an Halloween. Der Markt scheint zu boomen, denn zusätzlich zu den Glotzern gibt es inzwischen auch Candy Glubscher, nämlich Kaugummikugeln im beliebten, erfolgreichen Design von Augäpfeln. Die ausgefallene Kreation verfügt über einen flüssigen Kern, der mit saurem und intensivem Erdbeergeschmack überrascht. Um die Kleinsten nachhaltig, klimaneutral und geschmackssicher aufzuziehen wahrscheinlich.

Schokozigaretten, nein, Glotzer und Glubscher aus dem Horrorfilm, ja.

Meiner süßen Kindheit mit sämtlichen Wundern des Schlaraffenlandes kann ich nur wehmütig nachtrauern.

FREISPRUCH!

Da gelobe ich mir doch eine kuschelige Konditorei, die mich mit Nougatkonfekt und saftiger Wiener Sachertorte erwartet. Und wenn, dann volles Programm! Ja, ich, der echte Junkie, reise dafür sogar extra nach Wien, wo die Liebe zur Zuckerbäckerei bis in die Kaiserzeit zurückreicht. Nach Wien reist man, um zuzuschlagen.

Oft halte ich vor den Schaufenstern der Konditoreien inne, wenn ich durch die Innenstadt flaniere, und bewundere immer neue Kreationen – eine Hofzuckerbäckerei lädt nicht nur zum Schlemmen ein, sie sättigt auch das Auge. Ein Affront für jeden Minimalisten. Schon allein der Räumlichkeiten wegen zahlt sich hier ein Besuch beim *Demel* auf jeden Fall aus. Bezirzt werde ich von jeder Menge ausgesuchter Leckereien, die das Herz einer jeden Naschkatze höherschlagen lassen und das Hirn sedieren. Nach ausgiebigem Sichten der verführerisch platzierten Süßigkeiten verharre ich dann wie auf Valium vor der Tortenvitrine. So muss sich ein Freier fühlen, der sich im plüschigen Bordell erst mal entspannt umsieht, um das Angebot auf sich wirken zu lassen.

Je nach Lust und Laune suche ich mir einen Logenplatz im Rokokoambiente, sehe gut aus, überzeuge mich davon im Barockspiegel, bin mit mir und dem Rest der Welt völlig im Reinen und gebe mich der hauseigenen Sachertorte willig hin.

Das Mystische an jeglicher Passion ist ja auch, dass die Dinge genauso eintreffen, wie wir sie erwarten: Genuss und

Befriedigung auf Bestellung. Wie ein erfolgreicher Ausflug nach Las Vegas, bei dem sich auch keiner mehr wundert, wenn man verheiratet zurückkommt.

Und wer die Urmutter aller Schokoladentorten in Form der Sachertorte mit Marillenkonfitüre ausgiebig studiert hat, gibt nicht etwa Ruhe: Nein, er beschenkt zum Abschied seine geschätzte Leserschaft mit dem dekadentesten aller Schokoladenpuddings in Schokosoße, dessen Genuss illegal ist, jedoch jeden Richter zur amtlichen Erkenntnis gelangen lässt: FREISPRUCH!

MISSISSIPPI MUD PIE

Man nehme eine runde Springbodenform mit 20 cm Durchmesser, einen Gefrierbeutel mit Verschluss und ein Nudelholz/Kuchenrolle.

Für den Boden:

100 Gramm Schokoladenkekse
50 Gramm Butter
25 Gramm Zucker

Den Ofen auf 180 Grad Umluft vorheizen.

Die Kekse (es können alternativ auch Löffelbiskuits verwendet werden) in einen verschließbaren Gefrierbeutel legen und mit dem Nudelholz zu feinem Staub zertrümmern.
Die Butter in einem Topf schmelzen. Bei geringer Hitze das Kekspulver und den Zucker beifügen und lauwarm gut vermengen.
Diese Masse auf dem gefetteten Boden der Kuchenform verteilen und mit einem Esslöffel gut andrücken.

Für die Füllung:

200 Gramm Schokolade (38 % Kakaoanteil)
100 Gramm Butter
1 TL Instantkaffee
1 TL kochendes Wasser

175 Gramm brauner Muscovado-Vollrohrzucker
6 Eier (Größe L)
300 Gramm Sahne

Die Schokolade in Stücke zerteilen und diese in einer Metallschale über einem Wasserbad schmelzen. Butter, Kaffeepulver und das Wasser hinzufügen und zu einer sämigen Masse gut verrühren.
Vom Herd ziehen, in einen Mixer umfüllen und Vollrohrzucker, Eier und Sahne unterschlagen.
Diese Masse auf den vorbereiteten Boden schichten.

Die Pie ca. 1–1 1/4 Stunden backen. Gegen Backzeitende die Stäbchenprobe machen, sie soll nicht zu fest werden.

Die Pie in der Form auskühlen lassen.

Für das Topping:

150 Gramm geschlagene Sahne dekorativ aufspritzen, mit Kakaopulver aus dem Zerstäuber benebeln.
Nach Wunsch mit kleinen Kaffeebohnen oder Motiven dekorieren.
HALLELUJA!

Besuchen Sie uns im Internet:
www.knaur.de

Aus Verantwortung für die Umwelt hat sich die Verlagsgruppe Droemer Knaur zu einer nachhaltigen Buchproduktion verpflichtet. Der bewusste Umgang mit unseren Ressourcen, der Schutz unseres Klimas und der Natur gehören zu unseren obersten Unternehmenszielen. Gemeinsam mit unseren Partnern und Lieferanten setzen wir uns für eine klimaneutrale Buchproduktion ein, die den Erwerb von Klimazertifikaten zur Kompensation des CO_2-Ausstoßes einschließt. Weitere Informationen finden Sie unter: www.klimaneutralerverlag.de

MIX
Papier aus verantwortungsvollen Quellen
FSC www.fsc.org
FSC® C083411

Originalausgabe Oktober 2021
Knaur Taschenbuch

Ein Imprint der Verlagsgruppe
Droemer Knaur GmbH & Co. KG, München

Redaktion: Anna Süs, Carolin Schreiber
Covergestaltung: Isabella Materne
Coverabbildung: Frank Zauritz
Satz: Daniela Schulz
Druck und Bindung: CPI books GmbH, Leck
ISBN 978-3-426-79138-7

2 4 5 3 1